Gewidmet
meinen Klassenkameraden
des Jahrgangs 1953
in Bretten

Ulrich Kahle war 18 Jahre Geschäftsführer und Vorstand eines internationalen Dienstleistungsunternehmens, das als Marktführer im Bereich Marketing seine Aktivitäten in ganz Europa entfaltet. Nach seiner Ausbildung zum promovierten Ingenieur des Maschinenbaus und Kraftfahrzeugbaus hat er seine Laufbahn in der Automobil-Zulieferindustrie begonnen und war dort zuletzt Geschäftsführer der selbstständigen IT-Tochter eines renommierten US-Konzerns. Inzwischen widmet er sich mit einem eigenen Unternehmen der Entwicklung neu gegründeter Technologie-Firmen sowie der Weiterentwicklung etablierter Unternehmen in Strategie- und Marketingfragen. Dr. Ulrich Kahle, Jahrgang 1953, stammt aus Bretten und hat dort seine Jugend verbracht. Heute lebt er zusammen mit seiner Frau und Max, einem ausgesprochen selbstbewussten Dackel, wieder in seiner Heimatstadt und ist ein großer Freund des Brettener Lebensgefühls, welches an vielen Stellen seines Erstlingswerkes „Sommerhitze" durchscheint.

Ulrich Kahle

Sommerhitze

Ein Bretten-Krimi

Lindemanns Bibliothek

Ähnlichkeiten mit lebenden Personen
sind nicht beabsichtigt und rein zufällig.

„Bei den Erdbeben, die kommen werden,
werde ich hoffentlich meine Virginia
nicht ausgehen lassen durch Bitterkeit.“

Bertolt Brecht

***Robert Kühnle**, ein Kommissar, wie wir ihn lieben: väterlich, kombinationssicher, der Heimat Bretten verbunden und den Genüssen des Lebens aufgeschlossen; ganz besonders hängt er an Kaffee, Zigarren ...*

*und an seinen Töchtern **Annika und Maike**, zwei Gymnasiastinnen, die sorglos auf das Leben zustürmen. Vor allem Maike hat damit Erfolg, denn in einer Bruchsaler Disco ...*

*lernt sie ihren Freund **Marvin** kennen, etwas jünger als sie, gleichwohl reichlich ausgestattet mit Sensibilität und mit Heldenmut – wenn es um seine Maike geht.*

***Irma Kühnle**, Gattin des Hauptkommissars seit zwanzig Jahren, gibt die Treusorgende. Das Haus im Brettener Ortsteil Diedelsheim bietet allzeit Licht, Luft, gute Laune ... und jede Menge Ochsenmaulsalat.*

*Doch Robert Kühnle hat auch beruflich Glück: Seine Assistentin **Katrin** entspricht in vielerlei Hinsicht den Träumen reiferer Herren. Doch Vorsicht: die Blondine verfügt über einen wachen Geist!*

Letzteres ließe sich auch von **Luigi Centra** *behaupten, einem Süditaliener, der Smartheit zum Lebensprinzip erhoben hat. Seine Vorstellungen vom Devisenhandel hingegen sind etwas eigenwillig.*

Kevin und Dennis *heißen zwei ziemlich krosse Typen, die zwischen Bretten und Bruchsal ihre Jagdgründe haben. Lieblingshobbies: Getuntes und Tiefergelegtes, Geochse in Muckibuden. Bevorzugte Beute: Naive Mädels.*

In Baden-Baden oder Niederbronn: Spielleidenschaft ist die gefährlichste Schwäche des **Dr. Zettel***. Mitunter vernachlässigt er sogar seine Brettener Patienten, wenn irgendwo die Kugel rollt.*

Außerdem mit von der Partie Wachleute und Kassierer, Schulmädchen und junge Damen, Ali und Erkan, Eisfanatiker und Eisverkäufer, Bretten und Bruchsal, Glasröllchen, Geldkoffer, Waldhütten, Discos ... sowie ein überaus treffsicherer badischer Gastwirt.

1

Bereits am frühen Morgen dieses Freitags im Juli ist es drückend heiß; man kann spüren, dass sich am Nachmittag ein Gewitter zusammenbrauen wird. Niemand ahnt zu diesem Zeitpunkt, was der Tag bringen wird – der Tag, an dem das Verbrechen die Idylle der Stadt Bretten zerstört.

Die Spuren des Peter-und-Paul-Fests sind beseitigt. Alltag ist wieder eingekehrt. Die alljährlich liebevoll aufgerichteten mittelalterlichen Stadttore aus Sperrholz wurden wieder abgebaut und verwahrt. Alle Vereine haben Sommerpause.

Die letzten Schultage vor den großen Ferien sind wie jedes Jahr weder für Schüler noch für Lehrer besonders produktiv. Längst sind die Zeugnisse geschrieben. Man widmet sich den berühmten, seit Generationen gepflegten Cafébesuchen in den Hohlstunden. Belanglosigkeiten werden geregelt; es findet sich sogar Zeit, die immer wieder verschobene Einzahlung der Klassenkasse bei der Bank vorzunehmen. Nachdem alle Schüler der Klasse 6 b des Melanchthon-Gymnasiums ihren Euro gelöhnt haben, werden Anja und Sophie mit dem Säckchen voller Münzen losgeschickt, um das Geld in der Sparkasse zählen zu lassen und dem Klassenkonto einzuverleiben. Selbstverständlich gönnen sie sich einen Umweg, schlendern durch die Weißhoferstraße, bewegen sich gemächlich über den Marktplatz und erzählen sich von den bevorstehenden Urlaubsreisen: Tunesien und die Türkei, baden im Meer, Strandburgen überall ... und die wunderbaren Muscheln, die man dort allerorts finden kann.

Wie in jedem Sommer: Nach Peter-und-Paul ist die Luft raus. An den ersten Geschäften sind Schilder zu sehen: „Wegen Ferien geschlossen." Die Menschen unter den Sonnenschirmen auf dem Marktplatz genießen die ruhige Atmosphäre, bestellen Prosecco und Cappuccino.

Nur wenige hundert Meter entfernt rollt ein Geldtransporter langsam auf die Sparkasse zu. Kurz muss er an der Schranke halten. Der Fahrer öffnet das Fenster, um eine Codekarte in das Lesegerät zu stecken. Die Schranke öffnet sich, und der gepanzerte Sprinter steuert langsam auf die Treppe vor dem Sparkassengebäude zu.

Keiner bemerkt den Fußgänger, der über den Parkplatz flaniert und auf den Transporter zugeht. Seitlich wird von innen eine Schiebetür geöffnet, ein Wachmann steigt aus, einen Geldkoffer in der Hand. Niemandem fällt auf, dass er von dem Passanten mit einem kurzen, harten Schlag zurück ins Fahrzeug geschleudert wird. Der Fußgänger nimmt den Koffer an sich, schließt die Schiebetür, geht weiter. Der Motor des Sprinters läuft weiter, die Türen sind verschlossen.

Erst viel später fällt Horst Tränkle, einem in Ehren ergrauten Bankkassierer der alten Schule, auf, dass der heutige Geldtransport noch gar nicht angekommen ist. Eigenartig. Doch schon hat er den Gedanken wieder vergessen, als ein älterer Herr vor dem Schalter auftaucht und unbedingt wissen will, ob man amerikanische Dollarnoten günstiger in den Staaten eintauscht oder doch besser zu Hause. Es folgt ein Fachgespräch zwischen dem Bankangestellten und dem Rentner, der einen Kreuzworträtselgewinn nutzen möchte, um für zwei Tage nach Las Vegas zu verreisen. Seither interessiert er sich für das Weltwährungssystem. Man tauscht Meinungen aus, Spekulationen, Mutmaßungen über die Wahrscheinlichkeit von Turbulenzen des Euro innerhalb der Reisezeit werden erörtert – ein Kleinstadt-Männergespräch.

Dergleichen kann sich durchaus in die Länge ziehen und darum werden die beiden Schulmädchen von Herrn Tränkle zunächst übersehen. Immer wieder versuchen die zwei auf sich aufmerksam zu machen, aber erst, nachdem das Währungsproblem unter besonderer Berücksichtigung der Beziehungen zwischen Vegas und Bretten gelöst ist, können sie sich Gehör verschaffen.

„Da draußen ist irgendwas komisch", sprechen sie den Kassierer an, der sich gönnerhaft zu den Sechstklässlerinnen herunterbeugt.

„Wieso? Was soll denn sein?“

„Na ja, da steht so ein Auto mitten im Hof, der Motor läuft noch und der Fahrer schläft auf dem Lenkrad. Das ist doch eigenartig, oder?“

In diesem Moment fällt Tränkle wieder ein, dass er ja immer noch auf das Geldauto wartet. Er schließt die Kasse und verlässt sein Büro durch die Nebentür, um gemeinsam mit den Schülerinnen nach dem Rechten zu sehen.

Tatsächlich, der gepanzerte Sprinter steht mit laufender Maschine vor der Treppe zur Sparkasse, die Türen sind verschlossen ... und der Fahrer liegt tatsächlich über dem Lenkrad – bewegungslos.

„Ist dem schlecht geworden?“, fragen die Mädchen.

Horst Tränkle spurtet los, er versucht die Türen des Wagens zu öffnen, ohne Erfolg. Er klopft ans Fenster. Keine Reaktion, keine Bewegung im Fahrzeug, nichts; nur der Motor läuft weiter. Jetzt ist ihm klar, dass etwas passiert sein muss. Er hastet die Eingangstreppe zur Sparkasse hinauf und ruft quer durch den Schalterraum: „Alarm, Alarm! Überfall!“

Die junge Angestellte am Schalter reagiert sofort: sie drückt den roten Knopf und löst den Notruf aus, bevor sie zusammen mit den Kollegen und Kunden aus der Schalterhalle auf den Parkplatz stürmt.

Von der Polizeistation, nur wenige hundert Meter entfernt gegenüber dem ehrwürdigen Gymnasiums-Gebäude gelegen, rast ein blau-silberner Streifenwagen mit Horn und Blaulicht auf die Sparkasse zu. Die Beamten steigen aus und umschleichen den verdächtigen Transporter. Auch sie kapitulieren vor den verschlossenen Türen; der Fahrer lässt sich noch immer nicht aufwecken. Augenblicklich alarmieren sie Feuerwehr und Notarzt. Obwohl auch diese schnell zur Stelle sind, dauert es noch einmal eine ganze Weile, bis ein Spezialtrupp der Feuermannen schließlich mit Gewalt das Fahrzeug an der Fahrerseite öffnen kann.

Als die Tür aufgeht, fällt der Fahrer heraus. Er ist tot.

Ein Feuerwehrmann klettert in den Wagen, stellt den Motor ab und entriegelt die Schiebetür des Laderaums. Der Innenraum des Transporters wird sichtbar: Dort liegt der zweite Wachmann in einer verzerrten Haltung auf dem Boden – ebenfalls mausetot.

Horst Tränkle drängt sich nach vorne, blickt in den Wagen. „Der Geldkoffer fehlt!“

Innerhalb kürzester Frist macht das Geschehene die Runde: „Mord in Bretten! Überfall auf Geldtransport!“

2

Hauptkommissar Robert Kühnle von der Mordkommission ist ein bedächtiger, an vielen Fällen gereifter Beamter, der seine Sturm- und Drangzeit längst hinter sich hat. Mit viel Erfahrung und Menschenkenntnis klärt er gewöhnlich seine Fälle auf. Mitunter verbeißt er sich in einen Fall, bis er ihn endlich gelöst hat. Das wissen seine nächsten Mitarbeiter nur zu gut.

Nicht mehr ganz schlank, aber auch nicht wirklich korpulent, ist er den Genüssen des Lebens keineswegs abgeneigt, besonders wenn sie braun sind: Robert Kühnle liebt Kaffee und Zigarren. Beides könnte er ununterbrochen den ganzen Tag über genießen ... sehr zum Leidwesen seines Teams und seines Arztes, der nicht müde wird, ihm die Gefahren des Koffein- und Nikotingenusses in den scheußlichsten Farben auszumalen. Kühnle reagiert gelassen; er weiß schon selber, was er tut. Wenn's ihm nicht mehr bekommt, hört er eben auf. Und bis dahin wünscht er keine Diskussionen. Punkt.

Soeben gießt er sich seinen zweiten Vormittagskaffee ein. Wundervoll duftet es im Zimmer nach dem Aroma frischgerösteter Kaffeebohnen. Robert überlegt, ob er sich nach seiner zweiten Knieoperation vor sechs Wochen nicht doch noch einmal zur Kur begeben sollte, um auf diese Art die lästigen Schmerzen wenigstens ein wenig zu lindern. Zumindest für ein paar Tage könnte er dem Alltag entfliehen, zusammen mit der Familie, die beinahe erwachsenen Kindern inklusive. Anstatt der üblichen Aufregungen mit all den renitenten bis aggressiven Klienten sollte er sich wieder einmal den schönen und angenehmen Seiten des Lebens zuwenden. So ein paar freie Tage im Frühherbst, das wäre doch was!

Gerade als er diesen Gedankenspielen nachhängt, wird die Bürotür aufgerissen und seine junge, etwas übereifrige Assistentin Katrin stürzt herein: „Mord in Bretten, Chef!"

Normalerweise ist Katrin durchaus eine Augenweide, gerade im Sommer, wenn sie sich in diese knapp geschnittenen T-Shirts wirft; aber jetzt, jetzt ist sie sichtlich außer Fassung, im Gesicht ziemlich bleich und die Augen – ihre tiefblauen Augen – sind vor Entsetzen weit aufgerissen. Sie drängt Robert Kühnle, unverzüglich mit höchstem Tempo loszueilen. Blaulicht, Signalhorn, das volle Programm ...

„Moment mal, ich habe dir immer gesagt, wer es eilig hat, muss langsam gehen. Was ist denn genau passiert?"

„Nun ja ..." beginnt sie ihren Bericht und holt Atem. Sie erzählt, dass in Bretten vor der Sparkasse ein Geldtransporter mit laufendem Motor gefunden worden sei, und dass beide Wachmänner tot darin liegen würden. Mehr Einzelheiten habe sie bislang nicht in Erfahrung bringen können.

Kühnle nimmt noch einen letzten Schluck aus seiner Kaffeetasse, wortlos – das ist eben seine Art. Automatisch steht er auf und schlüpft in seine Jacke, um mit der blonden Katrin zum Tatort zu fahren. Doch noch einmal hält er inne und zieht die Jacke wieder aus; bei der schwülen Hitze genügt die legere Variante.

Unterwegs macht sich sein Magen wieder schmerzhaft bemerkbar. Hätte er doch lieber auf Dr. Zettel gehört und sich den Kaffee gespart! – Er versinkt in einem kleinen Tagtraum, worin Katrins endlos lange Beine irgendwie eine Rolle spielen. Doch ihr lautes, aufgeregtes Telefonieren mit einem Brettener Polizeibeamten stört den Flug der Gedanken: „... und dann mussten wir die Tür aufstemmen ... fiel er einfach so raus ...“ – „Nein, niemand hat irgendwas gesehen oder gehört ...“

Nach und nach erschließt sich Robert Kühnle die ganze Absurdität der Situation. Er schüttelt den Kopf. Nein, so etwas hat er wirklich noch nicht erlebt: Keiner hat etwas bemerkt, niemandem ist irgendetwas aufgefallen! Offensichtlich ist der Transporter vollkommen unauffällig auf dem Parkplatz vorgefahren und dort einfach stehen geblieben. Wie lange er da stand, weiß man auch nicht.

Routiniert steuert Robert Kühnle seinen Dienstwagen, einen unauffälligen Passat, und biegt am Alexanderplatz auf die Melanchthonstraße ein. Da er aus Bretten stammt und niemals weggezogen ist, ist ihm jeder Winkel hier vertraut. In Diedelsheim, einem Ortsteil von Bretten, schon seit über zwanzig Jahren eingemeindet, hat er ein Häuschen für seine Familie gebaut. Robert kennt jede Abkürzung, jeden Schleichweg.

Vor der Sparkasse neben dem Pfeifferturm ist alles großräumig abgesperrt. Polizeibeamte laufen auf Kühnle zu und berichten in gehetztem Tempo die bisherigen Fakten. Damit beginnen die systematischen Ermittlungen: für einen Fall, welcher der bedeutendste und aufregendste im Leben des Robert Kühnle werden soll.

3

In der kleinen Sportbar gegenüber der Sparkasse sitzen wie an allen Tagen etliche Männer beim Morgenplausch und unterhalten sich in jeder Menge Sprachen, worunter Türkisch und Balkandialekte dominieren. Es sind die Themen des Alltags, die hier wieder und wieder durchgesprochen werden: dass Erkans Sohn demnächst heiraten wird, zuhause in Anatolien. Großes Familienfest mit ein paar hundert Gästen. Zurzeit sei man dabei, sich mit der Familie der Braut über den Ablauf des Festes abzusprechen. Man diskutiert, ob ein Mercedes CLS nicht doch sportlicher und vor allem schneller sei als ein Audi A6. Weiterhin erscheint von höchster Bedeutung, welche Spieler nun wohl in der nächsten Saison nach Istanbul wechseln werden.

Draußen röhrt ein Sportwagen. Erkan dreht den Kopf. Er sieht lediglich einen alten 3er-BMW, der durch eine absonderliche Lackierung auffällt. Ein Mann steigt auf der Beifahrerseite ein. Mit lautem Auspuffröhren braust das Auto davon. Erkan vertieft sich wieder ins Gespräch mit seinem Freund Ali.

Das morgenländische Idyll wird jäh gestört, als ein Streifenwagen der Polizei herangerast kommt. Sofort sammelt sich eine rasch größer werdende Menschenmenge um einen blauen Geldtransporter vor der Sparkasse. Bald zischt ein zweiter Polizeiwagen heran. Immer mehr Beamte erscheinen. Jetzt hält die beiden Freunde nichts mehr in der Sportbar; sie müssen doch mal nach dem Rechten schauen – sich hinauswagen in die brütende, drückende Hitze des späten Vormittags.

In diesem Augenblick fahren der Notfallwagen und das Arztfahrzeug heran. In Bretten holt man den Notarzt gewöhnlich in der Rechbergklinik ab und kutschiert ihn direkt zur Unfallstelle. Ali und Erkan sind die Ersten, die aus der Sportbar direkt zur Einsatzstelle laufen und anbieten zu helfen. Doch schnell wird die Vergeblichkeit ihrer Bemühungen klar: Ohne schweres Gerät und Brachialgewalt ist der Wagen nicht zu öffnen; so bleiben sie zusammen mit den anderen morgendlichen Barbesuchern einfach stehen und ergehen sich in Spekulationen über das mysteriöse Geschehen. – Später, als klar wird, dass die beiden Wachleute tot sind, beginnen Ali und Erkan untereinander zu diskutieren, ob sie nicht vielleicht doch irgendetwas bemerkt haben könnten; aber da fällt ihnen nichts Konkretes ein, noch nicht.

Die Stelle wird mit rot-weißen Bändern abgesperrt und fotografiert. Bis zum Eintreffen der Mordkommission und des Staatsanwalts darf nichts verändert werden. Die Polizeibeamten befragen die Umstehenden nach ihren Beobachtungen, nach Auffälligkeiten. Ergebnislos.

Kühnle leitet die Ermittlungen. Er befragt den Notarzt, ob er schon etwas zur Todesursache sagen kann. Der Arzt scheint sich um eine klare Aussage herumzudrücken; äußerlich sind keine Verletzungen, keine Wunden zu erkennen. Lediglich die Tatsache, dass bei beiden Toten verkrampfte Hände und weit aufgerissene Augen festzustellen sind, erscheint ungewöhnlich und lässt die Vermutung aufkommen, dass Gift im Spiel sein könnte – vielleicht ein besonders schnell wirkendes.

So etwas in der Art könnte durchaus zutreffen, denkt Kühnle, nickt einen knappen Dank und geht in die Sparkasse hinein.

Im Gespräch mit Kassierer Horst Tränkle versucht er herauszufinden, wie viel Geld in dem fehlenden Koffer gewesen ist und ob sonst noch etwas fehlt. Der Chef der Brettener Sparkasse, Paul Gerhard, kommt zu dem Gespräch dazu. Bald wird klar, dass es sich um einen Diebstahl von mehreren hunderttausend Euro handelt. Das Geld kommt aus der Zentrale der Sparkasse in Bruchsal; unterwegs hat der Transporter keine anderen Abladestationen angefahren.

Wieso ausgerechnet heute ein so ungewöhnlich großer Geldbetrag transportiert wurde? Wieso die Summe nicht auf mehrere Behälter verteilt war? Wieso, wieso, wieso ... All dies lässt sich nicht auf die Schnelle klären. Zum jetzigen Zeitpunkt existieren nur drei gesicherte Fakten: Erstens, die Wachleute sind tot. Zweitens, es fehlt das Geld. Und drittens: Es gibt bisher keine Zeugen.

Dies ist auch die Lagebeurteilung, die dem aus Karlsruhe herbeigeeilten Staatsanwalt Dieter Meierhofer berichtet wird. Der Jurist besichtigt daraufhin nochmals die Details am Tatort und befragt die Polizeibeamten vor Ort sowie die Feuerwehrleute abermals über die exakten Umstände beim Auffinden der Leichen. Auch hieraus ergibt sich nichts Neues. Die Herren Meierhofer und Kühnle stehen eine Weile grübelnd herum, bis sie sich entschließen, ihr Gespräch beim Mittagessen in der Krone fortzusetzen. Mit einem Kopfnicken fordert der Kommissar seine Assistentin auf, der Einladung Folge zu leisten. Katrin hat nichts dagegen einzuwenden.

In der großen, einladenden Gaststube mit Blick auf die historischen Fachwerkhäuser des mittelalterlichen Marktplatzes ist es wenigstens etwas kühler. Nach dem ersten kühlen Bier folgt ein sommerlich-leichtes Tagesmenü, das der elsässische Cuisinier wieder einmal vorzüglich zusammengestellt und zubereitet hat. Während sich der Staatsanwalt vor allem dafür interessiert, welcher Personenkreis informiert war, wann der Geldtransport angekommen ist und dergleichen, entwickelt Hauptkommissar Robert Kühnle einen ganz anderen Ermittlungsansatz: Er will klären, auf welche Weise die beiden Toten umgekommen sind. Sollte seine Vermutung zutreffen, dass ein extrem schnell wirkendes Gift zum Einsatz kam, so will er als Nächstes herausfinden, wer so etwas zur Verfügung hat oder sich Zugang dazu verschaffen kann.

Als Nachtisch wird das köstliche selbstgemachte Sorbet des Hauses serviert. Ein Gedicht! Katrin, die bisher schweigsam am Tisch gesessen hat, mischt sich ins Gespräch: „Also, ich denke, wir müssen ein Täterprofil erstellen, das auf Personen abzielt, die einerseits dringend Geld brauchen und die auch noch so intelligent sind, so eine Tat minutiös zu planen und präzise auszuführen, die außerdem Zugang zu bisher – zumindest bei uns – ungewöhnlichen Tatwaffen haben und denen jeder Skrupel fehlt. Außerdem ... “

„Hm“, unterbricht der Kommissar die gedankenschnelle Assistentin, „das hört sich ja ganz vortrefflich an. Allerdings, vorsichtig geschätzt, kommen mindestens einige tausend Leute in Süddeutschland diesem Profil zumindest in dem einen oder anderen Punkt ziemlich nahe ...“

Immerhin, einige erste Ansätze liegen vor, als sich die Essensgäste voneinander verabschieden. Jedoch, keiner der Beteiligten wird dieses mulmige Gefühl los, das bedauerlicher Weise auch während der exquisiten Mahlzeit erhalten blieb. Schon sehr bald werden sie erkennen müssen, dass ihr Gespür sie keineswegs getrogen hat.

4

Vor dem Sportstudio in der Wilhelmstraße, neu eröffnet im Obergeschoss des alten Malag-Gebäudes, parken an diesem Freitag Nachmittag nur wenige Autos, darunter auch ein ziemlich alter 3er-BMW, tiefer gelegt und schrill lila mit weiß lackiert, die Rücklichter blau verbastelt, mit einem Riesen-Auspuff, der wie ein Ofenrohr unter dem Fahrzeug hervorragt. Leicht kann man sich vorstellen, dass dieser Bayer mit seinen viel zu breiten, restlos abgefahrenen Reifen für einen jungen Automechaniker im dritten Lehrjahr seinen gesamten Stolz darstellt ... und dass er damit vor jeder Disco bei der geneigten Weiblichkeit Eindruck schinden kann. Der Audi A3 daneben ist nicht weniger aufgemotzt, giftgrün gespritzt, tiefer gelegt und – was man natürlich nur bei Nacht oder entsprechender Umgebung wahrnehmen kann – mit einer unheimlich wichtigen Unterbodenbeleuchtung ausgestattet.

Es ist in Brettens einschlägigen Kreisen kein Geheimnis: Die beiden Autos gehören Kevin und Dennis, zwei unzertrennlichen Freunden, die im Augenblick trotz der Hitze im Sportstudio am weiteren Aufbau ihrer bereits beachtlichen Muskelpakete arbeiten. Schweißnass trainieren sie an den Kraftmaschinen.

Kevin hat eine Lehre als Automechaniker begonnen. Schon bald fing er an, „die Dinge lockerer zu sehen“, wie er sich ausdrückt. Er blieb morgens einfach im Bett, wenn er zuvor in der Disco eine lange Nacht gehabt hatte; oder er schwänzte die Gewerbeschule, weil er schlicht und einfach keinen Bock darauf hatte. Natürlich kann so etwas nicht lange gut gehen; sein Ausbildungsmeister beim Autohaus habe „ihm Stress gemacht“ und ihn vorgestern einfach rausgeworfen. Kevin empfindet dies als eine bodenlose Ungerechtigkeit. Er ist dabei, seinen gesamten Frust an den Maschinen auszulassen.

Auch Dennis, der beste Kumpel, hat mit seinen einundzwanzig Jahren bereits so seine Erfahrungen gemacht. Die Sache mit dem Gymnasium hat nicht recht geklappt – außer in Chemie hatte er überall klassisch versagt. Auch die nachfolgende Lehre als Chemielaborant war nach wenigen Monaten zu Ende, weil er durch permanente Unzuverlässigkeit auffiel. Sein Ausbilder vertritt die – nach Einschätzung von Dennis „total voll daneben“ liegende – Meinung, dass man gerade beim Umgang mit Chemie und Gefahrenstoffen ein zuverlässiger Mensch sein muss. Nach der dritten Abmahnung hat er ihn entlassen. Dennis empfindet dies als krass ungerecht. Sogar sein Freund Kevin hat ihm das mehrfach bestätigt. Inzwischen jobbt Dennis gelegentlich bei einer Zeitarbeitsfirma, die ihn bei einer Tiernahrungsfabrik als ungelernten Arbeiter einsetzt.

Seine weitere berufliche Zukunft ist ihm ohnehin völlig gleichgültig. Dennis genießt das Leben. Er tut alles dafür, dass ihn die Mädels bewundern, ihn anhimmeln, ihm ein Gefühl von Erhabenheit und Überlegenheit geben.

Dennis und Kevin sind ganz schön außer Atem, als sie an der Bar im Sportstudio Pläne für den Abend schmieden. Sie überlegen sich, wen sie wohl am besten mit in die „Disco A5" nach Bruchsal abschleppen könnten. Man erwägt, ob vielleicht ein paar Imponierrunden mit quietschenden Reifen in Kevins 3er vor dem Hohberghaus zum Ziel führen könnten ... oder ob es nicht doch besser wäre, gleich Mandy und Olga aus der Kupferhälde anzurufen. Die zwei sind so richtig nach dem Geschmack von Kevin und Dennis: immer bereit zum Ausgehen, Flirten, und beim anschließenden Chillout kommt es dann regelmäßig zu mehr. Und – sie bewundern Kevin und Dennis! Was diesen naturgemäß schmeichelt und ihr Selbstbewusstsein aufpeitscht.

Also: Handy raus und angerufen.

„Hi Mandy, wie wär's mit dem A5? Cool? Heute Abend? Bringst du Olga mit? Geil. Wir treffen uns um zehn im Zack. Okay?"

5

In der Spielbank in Baden-Baden rollen die Roulette-Kugeln, bedeutende Gespräche werden geführt. Dr. Roland Zettel, Landarzt aus Bretten, setzt – wie immer – nach ausgeklügeltem System seine Chips auf den grünen Tisch. Er hat sich eingehend mit den Wahrscheinlichkeiten befasst und ist sich ein jedes Mal sicher, dass der ultimative Gewinn kurz bevorsteht; doch leider hat das bisher nicht so richtig geklappt. Ein Vermögen hat er verloren: Sein Haus ist im wahrsten Sinne des Wortes bis unter die Hohlziegel verschuldet. Hie und da muss der Doktor zu ungewöhnlichen Abrechnungsmethoden mit den Krankenkassen greifen, um neues Geld zu beschaffen.

Zettel zweifelt auch heute nicht daran, dass sein System stimmt und auf jeden Fall den großen Gewinn erbringt. So wird er noch unvorsichtiger und setzt sein gesamtes Restvermögen auf die Zahl 17.

Neben ihm am Tisch sitzt ein unauffälliger, südländisch wirkender Herr, den er für einen Moment zu erkennen glaubt – ein Patient vielleicht? Oder der Jaguar-Händler aus Pforzheim? Egal, es geht jetzt ums Ganze. Dr. Zettel hat seine letzten zwanzigtausend Euro auf die eine Zahl gesetzt. Er weiß es, er ist sich sicher, vollkommer sicher, dass jetzt, genau in diesem Augenblick diese Zahl kommen muss. Es kann gar nicht anders sein, sie wird kommen!

Der Croupier wirft die Kugel in den Roulette Kessel.

„Rien ne va plus."

Die Kugel rollt, rollt, rollt langsamer, fällt schließlich mit einem deutlich hörbaren „Klack" in ihre endgültige Position.

„Seixe, 16, noir, pair, manque", ruft der Croupier teilnahmslos.

Zettel ist schockiert, er kann es nicht fassen. Das darf einfach nicht wahr sein: Sein System, sein absolut sicheres System hatte doch klar und zweifelsfrei die 17 vorhergesagt! Er steht auf, läuft planlos im Casino umher, geht nach draußen auf die Terrasse, zündet sich eine Zigarette an. Nervös dreht er sie zwischen seinen Fingern hin und her. Nach wenigen hastigen Zügen drückt er sie aus. Er überlegt, wie es weitergehen soll: Das Geld ist weg, die nächste Kassenabrechnung erst wieder am Quartalsende im September.

Der unauffällige Mann, der ihm zuvor schon aufgefallen war, steht nun an der Außenbar und lächelt ihn an. Er nimmt ein Glas Champagner in die Hand, kommt langsam und selbstsicher auf ihn zu.

„Wir kennen uns doch, Sie müssen Dr. Zettel sein. Richtig, ich war vor längerer Zeit mal bei Ihnen zur Behandlung. – Ja doch, mir geht es gut, haben Sie auch Spaß am Spielen?"

Die Unterhaltung ist oberflächlich, belanglos. Schließlich beginnt Dr. Zettel von seiner heutigen Pechsträhne zu erzählen: dass dies doch alles gar nicht mit rechten Dingen zugehen könne; noch nie habe er so viel verloren. Jetzt sitze er so ziemlich auf dem Trockenen.

„Luigi Centra, Kreis Karlsruhe", so stellt sich der smarte Italiener namentlich vor.

Er lädt Dr. Zettel auf einen Whisky ein. Bald stellen sie fest, dass sie einen ähnlichen Geschmack haben. Sie unterhalten sich über die leicht salzig schmeckenden schottischen Insel-Malts und bestellen nach reiflicher Überlegung 40 Jahre alten Lagavulin, um dann noch zum Vergleich einen Tallisker und später einen Craiggnmore auszuprobieren. Ein Wort gibt das andere. Man versteht sich prächtig. Da setzt Luigi Centra dem Doktor einen Plan auseinander, einen Plan, bei dem es um sehr viel Geld geht. Dabei soll einem Brettener Landarzt, der nahezu ruiniert ist, eine herausgehobene, wichtige und zentrale Rolle zukommen ...

6

Chef Kühnle, wie seine Mitarbeiter den Hauptkommissar ehrfurchtsvoll zu nennen pflegen, kehrt am Abend dieses denkwürdigen Tages spät nach Hause zurück. Mit seinen achtundfünfzig Jahren hat er schon so manches gesehen, in die vielfältigen Abgründe menschlicher Existenzen geblickt, aber der Doppelmord des heutigen Tages übersteigt doch das meiste. Er denkt nach.

Katrin hatte ihm bei Verlassen des Büros noch nachgerufen, der Pathologe gehe davon aus, dass die beiden Wachmänner wahrscheinlich an irgendeinem Gift gestorben sein müssen. Also doch! Vermutlich wird der Spezialist noch zwei, drei Tage brauchen, bevor er das Geheimnis aufgeklärt haben wird – Zeit, die Robert Kühnle fehlen wird bei seinen Ermittlungen ... Zeit, die dem Täter Vorsprung gibt.

Als er kurz nach zehn Uhr bei beginnender Sommerdämmerung auf den Kiesweg seines kleinen Häuschens im Brettener Ortsteil Diedelsheim einbiegt, sieht Kühnle seine beiden siebzehn und neunzehn Jahre alten Töchter Annika und Maike. Sie haben sich mal wieder „aufgebrezelt", wie sie diesen Vorgang zu benennen pflegen. Klar, so sieht die obligatorische Vorbereitung für einen ausgiebigen Discobesuch heute aus; es ist eben nicht mehr so wie zu seiner Zeit, als man mit seinem Mädchen samstagabends um acht zum Tanzen in die Kärcherhalle nach Weingarten fuhr. Dort hatte man einfach Spaß an der Musik der Markees und den anderen, damals lokal bekannten Bands, die die Hits der Zeit drauf hatten: Let's dance ... Massachusetts ... San Francisco ... und erst die Doors! So schlicht geht das heute halt nicht mehr zu – seine Töchter sind da nicht anders als ihre Altersgenossinnen. Man geht nicht vor zehn am Abend weg und ist morgens meist erst kurz vor dem Frühstück zurück.

Kühnle seufzt, denkt an die alte Zeit, die doch auch irgendwie schön war und dass solche Vergnügungen für ihn und seine Frau wohl so ziemlich vorbei sind – wenn man mal vom jährlichen Polizeiball absieht, der dann allerdings zumeist ein bisschen steif und gesetzt abläuft.

Annika und Maike haben kurze Sommerröckchen an, tragen T-Shirts, die im ehrwürdigen Melanchthon-Gymnasium, das sie beide besuchen, doch als ziemlich provokant aufgefallen wären. Seine Mädels sind so unbekümmert und sorglos, gehen derart ungezwungen und selbstverständlich mit ihren Altersgenossen um ... ganz anders, als er es früher in der Tanzschule Happel gelernt hat.

Als Kühnle aus seinem Dienst-Passat aussteigt, fragt er die Mädchen, ob sie denn gerne irgendwohin gebracht werden wollen. Aber das ist nun gar nicht nach ihrem Sinn: Die jungen Damen bevorzugen es, selbst mit Muttis altem Polo zu fahren. Sie versichern nochmals, dass sie natürlich keinen Alkohol trinken werden und müssen sich – zumindest ihrer Meinung nach zum hundertsten Mal – von ihrem Vater anhören, dass man in der Disco sehr aufpassen muss: Es könnte einem ja einer etwas ins Glas kippen, KO-Tropfen zum Beispiel! Auf keinen Fall sollen sie zu einem Fremden ins Auto steigen und so weiter und so weiter ... Die üblichen Sorgen eben, die Eltern Heranwachsender umtreiben.

Mit gemischten Gefühlen, einerseits stolz auf seine beiden Schönheiten und andererseits besorgt, dass sie blauäugig irgendeinem Taugenichts verfallen könnten, betritt er das Haus und begrüßt Irma, seine Frau.

„Mit dem Abendessen haben wir nicht auf dich gewartet, ich habe beim Bäcker gehört, was in Bretten heute Morgen passiert ist und da war mir gleich klar, dass du in der nächsten Zeit wohl wieder sehr unregelmäßig heimkommen wirst, aber wenn du willst, mach ich dir noch einen Wurstsalat? – Setz dich auf die Terrasse, ich bring's dir dann raus."

Irma ist wie immer äußerst fürsorglich und voller Eifer. Sie versucht, so gut sie es eben kann, dem Kommissar auf ihre Art den Rücken freizuhalten und ihn zu unterstützen. Obwohl sie schon seit weit über zwanzig Jahren verheiratet sind, haben es die beiden doch verstanden, sich ihre innere Verbundenheit und Vertrautheit, ja Liebe zueinander zu bewahren; so bedarf es meist keiner großen Worte, um zu wissen, was der andere gerade braucht.

Es ist immer noch heiß, obwohl die Dämmerung inzwischen deutlich fortgeschritten ist. Robert und Irma Kühnle genießen ein herrlich frisches Glas Sommerwein, einen Riesling aus der Gegend, ganz genau genommen aus dem „schwäbischen Ausland", aus Knittlingen, wo seiner Meinung nach der beste Riesling wächst, auf der Reichshalde, dem unübersehbaren Berg in Richtung Maulbronn.

Wetterleuchten am Himmel kündigt ein Gewitter an. Ungeheure Energien laden sich auf. Die schwarzen Wolken türmen sich, wirken bedrohlich und gefahrvoll an dem mondhellen Abendhimmel.

„Hoffentlich kommt das nicht zu uns", murmelt Robert vor sich hin.

Irma schmiegt sich an ihn. „Wenn du daheim bist, dann hab' ich keine Angst vor Gewittern."

7

Auch in Baden-Baden ist die Gewitterfront angekommen. Während die ersten schweren Regentropfen fallen, ziehen sich Dr. Zettel und sein undurchsichtiger Gesprächspartner Luigi Centra in die Bar des Spielcasinos zurück, wo sie in einer Ecke ganz ungestört plaudern können – abgesehen von der äußerst attraktiven Kellnerin, deren Erscheinung beide allerdings nicht als Störung empfinden. Zettel liebt es durchaus, gelegentlich verstohlene Blicke nach den Damen zu werfen. Und ganz besonders schätzt er in diesem Moment die schaukelnden Bewegungen, wenn sich die Kellnerin noch leicht nach vorne neigt, um die Bestellung entgegenzunehmen.

Endlich widmen sich die beiden dem geschäftlichen Teil des Abends. Centra druckst ein wenig herum, bis er schließlich damit herausrückt, dass er seit kurzem über ein beachtliches Barvermögen verfüge. Leider könne es nicht so ohne weiteres bei einer Bank eingezahlt werden. Er unterlässt es mitzuteilen, seit wann er das Geld hat – und dass es sich dabei um mehrere Hunderttausend in Hundert- und Zweihundert-Euro-Scheinen handelt.

Dr. Zettel, in Baden-Baden und auch in Niederbronn im Elsass gut bekannt als regelmäßiger Spieler, entwickelt eine Idee, wie man eventuell beiden auf einmal helfen könne: Er bietet an, immer wieder kleinere Tranchen von vielleicht hunderttausend Euro in bar zu übernehmen, damit zu spielen und anderntags das Geld als „frisch gewaschen" wieder abzuliefern. Er schlägt vor, die sich notwendigerweise einstellenden Gewinne zu teilen. Aber Luigi Centra gesteht ihm lediglich zehn Prozent zu.

„Der Rest ist natürlich für mich, ich habe ja auch das Risiko."

Dr. Zettel beginnt zu rechnen. Schnell hat er überschlägig abgeschätzt, dass er nach drei oder vier Spielbankbesuchen einen großen Teil seiner Schulden abbezahlt haben müsste. Da kehrt die aufreizende Kellnerin zurück. Selbstverständlich hat sie bemerkt, dass an diesem Tisch eine überaus hohe Wahrscheinlichkeit auf ein besonders fettes Trinkgeld besteht. Tief beugt sie sich daher nach vorne, um den spiegelblanken Tisch abzuwischen, die leeren Gläser aufzunehmen und nach der nächsten Bestellung zu fragen.

Allmählich kommen sich die Geschäftspartner näher. Sie beschließen, den Plan bereits in den nächsten Tagen umzusetzen. Währenddessen prasselt draußen ein schweres Sommergewitter mit Blitz, Donner und Hagelschlag herunter. Je länger das Gewitter tobt, desto mehr umgibt die beiden ein wohliges Höhlengefühl. Jeder glaubt, ein ganz tolles Geschäft gemacht zu haben; von nun an wird alles besser werden. Mit einem Mal scheinen sämtliche Probleme lösbar. – Selten haben sich zwei Geschäftspartner zur selben Zeit so sehr getäuscht.

8

In der Discothek A5 will in dieser schwülen Sommernacht keine rechte Stimmung aufkommen. Drinnen ist es zwar klimatisiert und – wie von den meisten Besuchern gewünscht – extrem laut, aber viele bleiben doch erst mal draußen stehen, einen Modedrink in der Hand, ganz, ganz cool.

Das ist die ganz große Bühne für Dennis und Kevin, die hier mit ihren aufgemotzten Schlitten ihren Auftritt haben: Kevin lässt seine Karre aufheulen, dass der verbastelte Auspuff dröhnend röhrt – exakt so, wie sich der kleine Automechaniker den Sound von Rennwagen eben vorstellt. Bei heruntergedrehten Scheiben und voll aufgedrehter Musik kommt auch Mandy auf dem Beifahrersitz bestens zur Geltung: Ihre langen Haare – selbstverständlich blond gefärbt – werden im Takt weniger Sekunden mit der Hand aus der Stirn gewischt, scheinbar unabsichtlich, die Wirkung auf die herumstehenden Jungs nicht verfehlend.

Kevin fühlt sich super, das ist heute sein Tag. Er hat doch absolut alles, was er will: das Super-Auto, eine scharfe

Braut neben sich, die ihn so richtig anhimmelt und ihm immer wieder ins Ohr flüstert, wie toll sie ihn findet und dass er sich auf eine ganz, ganz heiße Nacht freuen soll ... und er hat keine Geldsorgen mehr! Zum ersten Mal in seinem Leben verfügt er über Bares, hat so richtig Kohle in der Tasche. Noch einmal dreht er richtig auf, kommt mit quietschenden Reifen direkt vor der Gruppe von Jugendlichen am Eingang zu stehen.

Dennis steuert seinen giftgrünen, extrem tief und breit gelegten alten Audi nach ein paar Minuten ebenfalls auf den Parkplatz. Kevin hat ihm schon zweimal auf die Mailbox gequatscht. „Eh, kommst du nicht? Hier ist ziemlich was los!" So in etwa lautet die Nachricht. Präzise kann das in dem allgemeinen Lärm keiner verstehen.

Nun kommt Dennis also mit Verspätung, aber dafür umso größerer Geschwindigkeit auf den Platz gerast. Viele staunen „Oh und Ah!" angesichts der Unterbodenbeleuchtung, erst gestern mühsam installiert: Es scheint, als ob das Auto auf einer Lichtwolke dahergeschossen komme, ein Effekt, der bei den Mädchen tiefen Eindruck hinterlässt – so zumindest ist die Überzeugung von Kevin und Dennis. Olga liegt halb auf dem Beifahrersitz, um ihre beeindruckende Oberweite rechtschaffen zur Geltung zu bringen. Dennis weiß vor Freude nicht, wohin er zuerst schauen soll: auf die staunenden Kumpels draußen oder auf Olgas Kurven drinnen. Auch er fühlt sich fantastisch heute. Alles hat geklappt. Er überlegt sich, ob er einen TT kaufen wird oder ein M3-Cabrio; kann ja älter sein, Hauptsache schnell, pfeilschnell! Noch ahnt er nicht, dass er genau diese Eigenschaft selbst sehr bald sehr dringend brauchen wird.

Die Freunde steigen aus ihren Autos, mit einem Stolz, der dem Absteigen Djangos von seinem Pferd im Western in nichts nachsteht. Breitbeinig und langsam gehen sie um die Wagen herum und lassen ihre Begleiterinnen aussteigen, was diese mit Aplomb genießen. So schreiten die vier, die Arme um die Hüfte des anderen eng geschlungen, die jungen Damen mit geziemenden Stöckel-Schritten und wackelnden Pos, grandezzamäßig auf die Disco zu. Sie treten ein: Welch ein Auftritt!

Bei ihrem stolzen Aufmarsch fallen ihnen die zwei Mädchen in der Nähe des Eingangs überhaupt nicht auf, die mit Cola light in der Hand dastehen und – ein klein bisschen sehnsüchtig – auf zwei Gymnasiasten neben sich schielen, die sie offensichtlich nicht zu bemerken scheinen. Es ist davon auszugehen, dass es am Lärm liegt – oder? Anja und Maike, die beiden Schwestern, sind ganz Ohr, möchten gar zu gerne mitbekommen, was die beiden Jungs so reden. Reden ist natürlich übertrieben: Man brüllt sich Wortfetzen an den Kopf, in der Hoffung, dass ab und zu etwas beim Gegenüber ankommt.

Unfreiwillig hören Anika und Maike mit, was Dennis, Olga, Kevin und Mandy einander zuschreien, als sie durch die Tür kommen.

„Reich ... neuen TT oder M3 holen ... geil ... endlich total unabhängig ... cool ... super gelaufen, das Ding ..." So in etwa die zentralen Stichworte. Zu diesem Zeitpunkt können sich die Mädchen keinen Reim darauf machen.

Maike, die Ältere von beiden, ist die Couragiertere. Endlich traut sie sich und lächelt den neben ihr stehenden Gymnasiasten an: „Hey bist du auch reich?"

„Hä? Versteh' nichts!"

„Reich???"

„Klar. Komm, wir gehen raus!"

Offensichtlich ist ihm in diesem Moment das Mädchen überhaupt erst aufgefallen. Er findet sie sofort sehr nett. Will gerne ein wenig mit ihr quatschen, über Schule und Handys, Musik und Youtube-Videos und so weiter und so weiter. Behutsam entwickelt sich ein Flirt – man könnte fast altmodisch dazu sagen. Beide finden einander zuerst interessant, dann attraktiv ... und so gibt ein Wort das nächste. Als Maike gefragt wird, was sie denn vorhin in der Disco mit dem mehrmals wiederholten „reich" gemeint habe, zuckt sie die Achseln: „Ich hab' das nur grad aufgeschnappt, von Kevin und Dennis, den Vollprols, die ihre Tussis zugetextet haben: Wir sind reich, wir sind reich ... neue Autos ... Unabhängigkeit ... und so weiter."

Der Junge schaut ungläubig drein.

„Ja und?", frotzelt Maike. „Bist du reich oder nicht?"

Der Schüler grinst: Ach Unsinn, er geht ja noch aufs Justus-Knecht-Gymnasium, zwar schon in die Zwölfte, aber bis zum Abi ist es doch noch ein ganzes Stück. Und Geld? Nee, Geld hat er wirklich nicht viel. Sein Vater betreibt eine kleine Maschinenbaufirma in Heidelsheim, aber für ihn gibt es nur ein sehr begrenztes Taschengeld.

„Macht doch gar nichts", flüstert Maike ihm ins Ohr. „Ich steh sowieso nicht auf so Disco-Typen wie diesen Dennis. Oder Kevin. Brrr ... Also ehrlich, ich find dich viel cooler."

Die beiden erzählen und lachen, während sie vor der Disco sitzen und dem Wetterleuchten zusehen. In Bruchsal regnet es heute nicht, nur ferne Blitze jagen über den Nachthimmel. Man kommt sich näher. Endlich setzt Marvin – so heißt unser junger Freund – alles auf eine Karte.

Wenn ich sie jetzt küsse, überlegt er, dann gibt es nur zwei Möglichkeiten: Entweder sie ist in mich verliebt oder ich fange eine Ohrfeige.

Sachte zieht er sie an sich, immer enger, bis sie sich ganz nahe sind. Ihre Lippen berühren sich. Seine Gefühle werden erwidert, eine erste scheue Leidenschaft keimt auf. Die beiden erleben den Duft der Liebe auf den ersten Blick.

9

Schon am frühen Samstagmorgen kann Robert Kühnle nicht mehr schlafen. Beim ersten Sonnenschein steht er auf seiner Terrasse und denkt nach. Es ist halb fünf, die Luft nach dem Gewitter klar und frisch. Er genießt es, alleine seine erste Tasse Kaffee zu trinken. Doch das schlechte Gewissen meldet sich ... Hausarzt Zettel ... Tee ... weitaus besser ... Trotzdem, er liebt diese Bohnen. Gerade entschließt er sich, eine zweite Tasse einzugießen, als der altersschwache Polo mit seinen beiden Töchtern in den Kiesweg einbiegt.

Anika steigt als Erste aus – ein wenig zerzaust, findet Robert. Verschwitzt und müde, will sie schnell ins Haus und nur noch ab ins Bett. Ganz anders hingegen ihre Schwester: Maike scheint total aufgedreht. Mit leuchtenden Augen läuft sie auf ihren Vater zu und schmust sich an ihn. Sie erzählt und erzählt. Die alte Weisheit „wem das Herz voll ist, dem geht der Mund über“ bewahrheitet sich wieder einmal. Kühnle freut sich, seine Tochter so glücklich zu sehen.

Als sie von der kurzen Showeinlage von Kevin und Dennis berichtet und sich über die aufgeschnappten Angebereien kaputtlacht, fühlt sich Robert Kühnle wie elektrisiert. Blitzartig schießt ein Gedanke in seinen Kopf, der ihn nicht mehr loslässt: Hier taucht plötzlich Geld auf, wo nie davon die Rede sein konnte! Im Mordfall von gestern fehlt Geld, wo jede Menge vorhanden war! Gibt es da einen Zusammenhang? Aber wie könnte das zugegangen sein? – Robert ist so in Gedanken versunken, dass er gar nicht bemerkt, wie Maike sich mit einem hingehauchten Kuss verabschiedet und auch nur noch schlafen möchte – und träumen, träumen, von Marvin natürlich! Wie schön es mit ihm ist ... frisch verliebt ... und überhaupt!

Kühnle läuft auf seiner Terrasse hin und her, die Kaffeetasse in der Hand. Er beschließt, noch einmal, nur ganz kurz, in sein Büro zu fahren und alle bisher vorliegenden Fakten durchzugehen. – Wie in Trance steuert er den Dienst-Passat. Seine Assistentin Katrin pflegt zu sagen: „Hoffentlich waren unterwegs auch alle Ampeln grün", wenn er nach einer solchen Fahrt im Büro ankommt.

Tatsächlich, eine E-Mail aus der KTU, der Untersuchungswerkstatt für kriminaltechnische Untersuchungen, ist angekommen; von einem seltsamen Fund in dem Geldtransporter ist da die Rede. Das muss er sich sofort selbst anschauen.

Rasch fährt er hinüber in die KTU. Selbstverständlich findet er um diese Zeit dort niemanden vor – es ist immerhin erst sechs Uhr morgens und außerdem Samstag. Aber Kommissar Kühnle kennt sich aus. Er weiß genau, wie er sich Zugang verschaffen kann. Da sieht er den Transporter wieder vor sich. Die Untersuchungen sind offensichtlich soweit abgeschlossen. Eigentlich liegt der Fall ja klar: Das Auto stand, also wurden keine Bremsen manipuliert; die Fahrer waren tot, also muss der Mörder von außen eingedrungen sein; das einzig Auffällige ist ein zerbrochenes Röhrchen aus Glas, etwa fünf Zentimeter lang und einen halben Zentimeter im Durchmesser. Fotos davon findet der Kommissar in den Untersuchungsunterlagen. Das Röhrchen selbst befindet sich vermutlich im Labor.

In diesem Augenblick nähert sich der Kfz-Meister, der offenkundig ebenfalls nicht schlafen kann. Er betritt die Halle und sieht Robert Kühnle in Gedanken hin und her laufen, wie geistesabwesend. Der Mechaniker räuspert sich.

„Guten Morgen, Herr Kühnle. Kann auch nicht schlafen. Ich nehme an, Sie interessieren sich für das Auto? Da ist nichts zu finden. Ich sag Ihnen, die haben denen irgendein Gift ins Auto geschmissen und dann war's auch schon vorbei."

Ja, so weit war ich auch schon, denkt Kühnle und nickt. Die Frage nur: Wie kommt das Gift ins Auto? Der Wagen war beim Auffinden geschlossen, die Fenster und Türen zu. Es geht nicht anders, er muss noch einmal an den Tatort und sich die Sache genau ansehen. Wer weiß, vielleicht hat doch irgendjemand etwas bemerkt. Kann doch nicht sein, es sind doch nicht alle blind! Eilig verlässt Robert Kühnle die Halle und lässt den Kfz-Meister stehen.

Warum macht einer so was, sinniert der Kommissar. So etwas kann doch nie und nimmer gut gehen! So dumm darf doch keiner sein! Er bemerkt nicht, dass er am Ortseingang viel zu schnell fährt – und mal wieder geblitzt wird. Als das rote Licht grell aufleuchtet, flucht er. „Scheiße! Das gibt wieder ein paar freche Bemerkungen von Katrin. Na Chef, wieder mal hochkonzentriert gewesen und ohne Hirn durch die Stadt gerast?“

Egal. Im Augenblick zählt etwas anderes. Wie oft ist das schon vorgekommen, dass man Kleinigkeiten übersieht, die sich später als entscheidend herausstellen.

10

Dr. Zettel erwacht an diesem Samstagmorgen mit einem schweren Schädel. Es fühlt sich an, als habe er tausend Bienen in seinem Kopf, die alle surren und von denen dauernd eine andere sticht. Ganz langsam kommt die Erinnerung zurück ... Baden-Baden ... alles verloren ... Gewitter ... ja genau: ein Riesengewitter ... Und dann dieser Mann. Kenne ich den nicht? Na klar, das ist Luigi Centra ... Ach, es wäre doch besser gewesen, zu dem vielen Whisky nicht auch noch kubanische Zigarren zu rauchen. Also wirklich!

Zettel steht schwerfällig auf und nimmt eine eiskalte Dusche. Schon beginnt er sich ein wenig besser zu fühlen, als ihm einfällt, dass er irgendeine Verabredung getroffen hat. Was war das nur? – Nach dem dritten Espresso kehrt die Erinnerung zurück. Ja, genau, Luigi Centra, sein neuer Freund, will noch heute Morgen in die Praxis kommen und Geld bringen. Ja, richtig: Geld, viel Geld, das er so dringend benötigt!

Und wann? Dr. Zettel schaut auf die Uhr. Bereits halb elf. Korrekt, um elf kommt der in meine Praxis ... So geschwind wie möglich zieht er sich an und flitzt in die Arztpraxis, nicht weit entfernt, in der Nähe der Brettener Innenstadt.

Tatsächlich, pünktlich um elf klingelt es an der Praxistür. Luigi Centra erscheint mit einem Aktenkoffer in der Hand: „Na, mein Freund, alles klar?"

Die beiden gehen die Modalitäten des Deals nochmals durch: Dr. Zettel erhält das Köfferchen mit zweihunderttausend Euro in kleinen Scheinen – ohne Quittung selbstverständlich – mit der Aufgabe, das Geld heute und morgen Abend in den Spielbanken Baden-Baden und Niederbronn im Elsass zu waschen.

Luigi Centra lächelt. „Und wenn was schiefgeht, dann bist du genau so tot wie diese Geldtransporteure vorgestern, mein Freund. Das hast du verstanden, oder?"

Entsetzt schaut Dr. Zettel auf. Plötzlich wird ihm klar, worauf er sich eingelassen hat. Jetzt ist es zu spät, das Rennen hat bereits begonnen. Für ihn gibt es jetzt nur noch eine einzige Chance: Sein System muss funktionieren! Ja, jetzt endlich wird es klappen!

Dieses Mal soll Fortuna auf seiner Seite sein, heute Abend wird alles reibungslos verlaufen. Er wird nicht nur mit geringen Einsätzen und einfachen Chancen schwarz oder rot spielen, nein: Mit diesem Haufen Geld wird er das ganz große Spiel machen, der große Coup wird ihm heute gelingen! Zettel braucht es Luigi Centra nicht so genau zu sagen, wie viel er dann wirklich verdient haben wird; er wird ihm die Zweihunderttausend gewaschen wieder abliefern – und das war's dann.

Die Männer verabreden sich zu einem Treffen am Montagnachmittag nach der Sprechstunde in der Arztpraxis. Um abzurechnen. – Im Nachhinein wäre es für Dr. Zettel besser gewesen, sofort zur Polizei zu gehen. Er hätte sich jede Menge Ärger erspart.

11

Es ist nicht die einzige Verabredung, die Luigi Centra an diesem Samstag hat. Am Nachmittag sitzt er unter den Sonnenschirmen des Café Nerone in der Brettener Altstadt und genießt seinen Espresso. Es ist drückend heiß und schwül. Man erwartet für den Abend neue Gewitter.

Die Stadt ist wie ausgestorben. Das Pflaster des kleinen Platzes an der Fußgängerzone flirrt vor Hitze. Luigi fühlt sich wie zuhause im Süden Italiens, wo jetzt noch höhere Temperaturen herrschen. Auch die Atmosphäre ist ähnlich: Eine gewisse Nachmittagslethargie, überall geschlossene Fensterläden, hinter denen sich – je nach Alter und Temperament – Siesta oder Amore verbergen. Die Ladengeschäfte in der Melanchthonstraße schließen für heute. Zwei junge Frauen mit Tüten vom Sommerschlussverkauf aus dem nahe liegenden Modehaus Martin schlendern auf das Café zu. Centra blinzelt in die Sonne, um dann doch genauer hinzuschauen: Kurze Röckchen, ein „Fast-Nichts" als T-Shirt. Ist das Leben nicht schön?

Mitten in diese Ruhe hinein dröhnt ein Motorengeräusch, kein normales, eher wie ein Rennwagen oder ein

Sportwagen ohne Auspuff. Das Geräusch wird lauter, kommt näher und verstummt schlagartig mit einem kurzen Aufbrüllen. Türen werden zugeknallt. Dann Stille.

Centra dreht sich herum, um den entschwindenden Mädchen nachzusehen. Er träumt ihnen ein wenig hinterher, als er zwei junge Männer in Shorts und T-Shirts, die die gebräunten Sportlerkörper zur Geltung bringen, auf das Café zukommen sieht. Langsam und scheinbar ohne besonderes Ziel schlendern sie durch die Gasse ... und setzen sich zu ihm an den Tisch.

Es sind Kevin und Dennis – unausgeschlafen und zerknautscht sehen sie aus. Doch die Verabredung mit Luigi Centra müssen sie einhalten; sie wissen, wenn es um Geschäfte geht, versteht der überhaupt keinen Spaß.

Vor einiger Zeit hatte er sie mal abends im alten Rathaus bei einem Bier angesprochen, scheinbar rein zufällig, an der Theke draußen, beim Genuss einer Zigarette. In Wahrheit war er planvoll vorgegangen: Er hatte sich genauestens informiert, wer im Umkreis gerade mächtig Geldsorgen hat, wer momentan nur rumhängt, wen er wie für seine Pläne einsetzen könnte. Ein Wort gab das andere. Man traf sich einige Male in Pizzerien oder in einem der zahlreichen „Spielcasinos", die es mittlerweile in Bretten gibt. Nach und nach entstand ein Plan – zuerst ganz vage, dann immer ausgereifter. Und jetzt war es soweit.

Die beiden bestellen sich Red Bull um aufzuwachen. Die letzte Nacht hatte sie beide doch sehr gefordert: Nicht allein der Disco-Besuch, nein, auch die anschließenden Rendezvous mit Mandy beziehungsweise Olga waren sehr kräftezehrend verlaufen für die beiden Matadoren. Erst vor kurzem sind die beiden aus den Betten gekrochen, mürrisch aufgelegt und unrasiert.

Mandy liegt noch im Bett. Kevin hat sich entschuldigt, er habe einen ganz wichtigen Termin – ein Date mit einem bedeutenden Geschäftsmann namens Luigi Centra! Das schien Mandy wirklich zu beeindrucken; sie drehte sich lächelnd und rundum zufrieden zur Seite, um in der Nachmittagshitze weiter zu dösen.

„Hat so weit ganz gut geklappt gestern", eröffnet Luigi Centra das Gespräch und erklärt, dass er die Beute in Sicherheit gebracht hat. Wie bei ihm üblich, bekommen die beiden zehn Prozent – aber nicht alles auf einmal, damit sie nicht mit Geld um sich werfen und keine auffälligen Käufe oder sonstigen Ausgaben tätigen.

„Solche Sachen sind immer sehr gefährlich, das fällt auf", doziert Centra. Er legt fest, dass er bis auf weiteres die Anteile der beiden weiter „verwalten" wird.

Kevin beschwert sich.

„Wir haben uns überlegt, wir wollen jetzt einen Risikozuschlag. Du hast versprochen, dass die zwei von dem Gas nur zwei Stunden pennen und dann mit dickem Kopf aufwachen. Und jetzt sind sie tot, Mann!"

„Genau", setzt Dennis nach. „So war das nicht abgemacht, ich will meine Kohle jetzt – und dann nichts wie raus aus dem Deal!“ Beide reden sich in Rage. Wäre an diesem Samstagnachmittag die Stadt nicht hitzebedingt beinahe ausgestorben, hätten Passanten aus dem Wortwechsel fast den gesamten Tathergang erfahren können. Aber so sind die drei allein unter dem Sonnenschirm. – Die Bedienung des Cafés ist mit ihrem Handy und der Kommunikation mit einer Freundin beschäftigt. Klar, sie kennt Kevin und Dennis, aber ihre Aufmerksamkeit gilt momentan der Frage, wohin man heute Abend am besten gehen sollte; im Kino ist definitiv nichts los, die meisten Freundinnen sind verreist. Bretten im Sommer ...

Nach und nach gelingt es Luigi Centra, seine beiden jungen Komplizen zu beruhigen. Er macht ihnen klar, dass eine kleine Fehldosierung vorgelegen habe und dass er das selbstverständlich bei seinem Lieferanten in Italien reklamieren wird. Schließlich gibt er jedem der beiden unauffällig fünfhundert Euro und grinst sie an.

„Macht euch einen schönen Abend mit euren Mädels.“

Centra verspricht, dass jeder am Montagabend zehntausend Euro bekommt. Man wird sich gegen zehn auf dem Marktplatz treffen – vielleicht vor dem Eulenspiegel.

Luigi Centra plant die Summe dem von Dr. Zettel in Baden-Baden frisch gewaschenen Geld zu entnehmen; auf diese Art braucht er kein Risiko einzugehen. Bestimmt sind die Scheine nummeriert. Man trennt sich – erneut ganz friedlich – und wünscht sich gegenseitig ein schönes Wochenende, ein viel sagendes Grinsen im Gesicht.

Kevin wird sich mit Mandy an den Baggersee legen und den Abend dort genießen. Dennis will noch einmal kurz im Sportstudio vorbeischauen, mal sehen, ob was los ist, bevor er zu Olga geht. Er fühlt sich wieder so super drauf, dass er am liebsten die Spielchen von heute Nacht unmittelbar fortsetzen möchte.

12

Hauptkommissar Kühnle steht vor dem imposanten Sparkassengebäude in Bretten, einem Waschbetonbau aus den Siebzigern, der vor ein paar Jahren durch Glas- und Stahl-Anbauten aufgehübscht wurde. Er überlegt. Eigentlich hat doch wohl jede Sparkasse ein Kamerasystem zur Überwachung. Normalerweise sind doch die Geldkoffer heute richtiggehende High tech-Geräte, festgebunden am Wachmann, versehen mit einer Sprüheinrichtung, welche das Geld beim unautorisierten Öffnen einfärbt und damit unbrauchbar macht.

Wieso hat denn das alles nicht funktioniert? Der Gedanke lässt ihm keine Ruhe. Er ruft Paul Gerhard an, den Chef der Brettener Filiale der Sparkasse Kraichgau.

„Ist mit den Kindern am Baggersee beim Goldkanal in Rastatt", lautet die Auskunft, die er von Frau Gerhard bekommen kann. Die Familie plant dort zu zelten. Also vor Montag wird das nichts mehr ... Aber Frau Gerhard fährt heute Nachmittag noch hin; dann wird sie ihrem Mann sein Handy mitbringen. Bestimmt wird er sofort anrufen – diese Sache scheint ja wirklich dringend zu sein.

Während Robert Kühnle auf dem Vorplatz der Sparkasse steht und telefoniert, fällt ihm die gegenüberliegende Sportbar auf. Er beschließt sich einmal umzuhören; vielleicht gibt es sie ja doch, die berühmte Nadel im Heuhaufen.

Die Bar ist in der flirrenden Hitze des Samstagnachmittags fast menschenleer. Nur Ali und Erkan, die beiden Stammgäste, sind noch da. Unbeachtet flimmert an der Decke das Bild eines Großfernsehers und zeigt irgendein Fußballspiel. Kühnle setzt sich in den klimatisierten Teil der Kneipe und spricht die beiden Gäste an.

„Ich habe Sie doch gestern Morgen schon gesehen; das war ja ein ziemliches Durcheinander", eröffnet er das Gespräch und stellt sich vor.

Nachdem Ali und Erkan ihre Zurückhaltung aufgegeben haben, wird die Sportbar-Version des Geschehens mit wünschenswerter Ausführlichkeit erzählt. Wirklich gesehen haben die beiden offensichtlich nichts; aber ihre Theorien über den Tathergang und die Folgen sind intensiv durchgesprochen und mehrfach weitererzählt worden.

Allerdings horcht Robert Kühnle plötzlich auf, als die beiden berichten, dass zwei junge Typen mit einem ziemlich getunten 3er-BMW aufgetaucht sind. Der Wagen war sehr auffällig und laut. Erkan ist sich jetzt nicht mehr ganz sicher, aber es ist wahrscheinlich schon so gewesen, dass das Auto mit laufendem Motor in der Bushaltestelle vor der Sparkasse gewartet hat, bis ein Beifahrer mit einem

Koffer eingestiegen ist. Dann sind die beiden mit einem Höllenlärm losgebraust.

Alle weiteren Erinnerungsversuche erbringen lediglich zwei zumindest einigermaßen gesicherte Erkenntnisse: Es war tatsächlich ein älterer, aufgemotzter 3er. Und er war laut. – Ein wenig enttäuscht fährt Robert Kühnle nach Hause. Er sieht ein, dass er heute nicht mehr so richtig weiterkommen wird. Seine Hoffnung gilt der Fürsorglichkeit seiner Familie: dass man ihm vom Mittagessen noch etwas übrig gelassen hat.

Als er nach Hause kommt, sitzen Irma und die Töchter noch auf der Terrasse; ein Rest des frischen sommerlichen Ochsenmaulsalats blieb für ihn reserviert. Maike schwärmt von ihrer gestrigen Eroberung Marvin: der sei doch mal ein ganz toller Typ, was anders als diese Disco-Haie, die dort sonst überall rumhängen. Sie schwärmt davon, wie schön es war, das Gewitter aus der Ferne zu beobachten ... Und überhaupt! Maike seufzt.

Heute Nachmittag wird sie ihn zuhause abholen – mit Mamas Polo natürlich – und dann wollen sie zum Baden an den Baggersee. Großzügig bietet sie der kleinen Schwester Anika an, dass sie auch mitkommen kann; aber Anika ist so diplomatisch, dass sie – unter dem Vorwand, bereits mit einer Freundin im Schwimmbad verabredet zu sein – dankend ablehnt. Aber ins Schwimmbad gefahren zu werden, das wäre schon okay, schiebt sie nach, als sich Robert Kühnle plötzlich an einige Gesprächsfetzen der Unterhaltung vom frühen Morgen erinnert.

„Was war denn das gestern in der Disko mit dem großen Auftritt von diesen plötzlich so reichen Angebern?"

Während Maike und Anika erzählen, was ihnen im Gedächtnis geblieben ist, schließt sich für Kühnle der Kreis: Auch hier ist von einem aufgemotzten 3er-BMW die Rede, auch hier! Das könnte zu dem Puzzlestück aus der Sportbar von heute Nachmittag passen. War den Leuten nicht auch so ein getunter Karren aufgefallen?

Zu dumm, dass aus den Daten im Kraftfahr-Bundesamt in Flensburg nur der Typ und die Originalfarbe eines Fahrzeugs zu identifizieren sind, nicht aber die nachträglich vom Besitzer vorgenommenen Veränderungen. So befragt Robert die Töchter weiter, ob sie vielleicht wissen, wo die beiden Jungs wohnen. Fehlanzeige.

Kühnle ist froh darüber, dass seine zwei Töchter nicht näher mit solchen Typen bekannt sind. Folglich wird er sich an das Brettener Polizeirevier wenden müssen; denn, wie er ganz zu Recht vermutet: Solche Autos und natürlich auch ihre Fahrer sind bei den Behörden meist keine Unbekannten.

13

Am Montagabend leert sich die Praxis von Dr. Zettel auffallend schnell. Auch hier ist deutlich zu spüren, dass viele schon verreist sind. In etwa zwei bis drei Wochen werden sie sein Wartezimmer dann wieder bis zum Platzen füllen – um sich von Darmgrippe und Durchfall aus aller Welt kurieren zu lassen. Mit massiven Sonnenbränden werden sie über ihn herfallen und die üblichen Bakterien und Viren aus den entferntesten Ländern einschleppen.

Der letzte Patient für heute ist der Sprechstundenhilfe nicht bekannt. Routinemäßig will sie die Daten von Luigi Centra aufnehmen. Nebenher fragt sie nach seinen Beschwerden.

„Das werde ich dem Herrn Doktor schon selber sagen", faucht Centra sie an.

In diesem Augenblick öffnet sich die Tür zum Sprechzimmer und Dr. Zettel bittet ihn herein.

„Ich brauche Sie heute nicht mehr", verabschiedet er die Arzthelferin.

Bestimmt wieder so ein peinlicher Fall mit Tripper oder so was, mutmaßt die Arzthelferin. Wie immer weiß man überhaupt nicht, wo man sich so etwas eingefangen haben könnte; wie üblich muss eine schmutzige Bahnhofstoilette als Erklärung herhalten. Zahllose Male hat sie dergleichen schon erlebt. So ein ungehobelter Kerl! Egal – jetzt freut sie sich, dass sie mal pünktlich rauskommt. Vielleicht reicht es noch, um eine Runde schwimmen zu gehen, im Tiefen See in Maulbronn, mal sehen ...

Dr. Zettel ist nervös. Er spielt mit seinem Kugelschreiber, rutscht auf dem Stuhl hin und her, schlägt die Beine übereinander, um sie im nächsten Augenblick wieder anders zu positionieren. Akribisch vermeidet er den Blickkontakt zu seinem Gast, erwartet die Frage, die er seit gestern Abend fürchten muss. Ja, ganz extrem fürchten muss.

„Na, wie ist's gelaufen in Baden-Baden?"

Luigi blickt Dr. Zettel direkt in die Augen. Man könnte meinen, er will ihn durchbohren mit seinen Blicken. Der Arzt weicht zurück, so weit der Drehstuhl hinter seinem Schreibtisch Platz findet.

Jetzt kommt es heraus: Es ist die Stunde der Wahrheit. Kleinlaut, leise, mit piepsender Stimme erzählt er, dass gestern der Trend einfach gegen ihn war in Baden-Baden; dass er es dann noch in Bad Niederbronn probiert hat – aber auch hier hatte sich alles gegen ihn verschworen. Er kann sich das auch nicht erklären, kurzum: Das gesamte Geld ist weg. Einfach weg! Komplett.

Centra verliert die Fassung. Er packt den Arzt am Kragen. Der weiße Kittel bauscht sich.

„Du solltest doch das Geld nur waschen, nicht wirklich spielen, du Trottel!“, schreit er immer wieder und schüttelt ihn.

Zettel wartet darauf, dass der Wütende im nächsten Moment zuschlägt, hart zuschlägt. Centra ist aufgebracht, außer sich, er tobt und brüllt – doch dann lässt er sein Opfer los, richtet sich auf und wird plötzlich ganz ruhig.

„Das kann ich nicht durchgehen lassen. Wenn das bekannt wird, werden auch die anderen nicht mehr zahlen.“

Langsam zieht er eine Pistole aus der Tasche. Ohne auch nur einen Moment zu zögern, zielt er auf Dr. Zettel und drückt ab. Immer wieder schießt er auf sein Opfer, das bei jedem Einschuss zuckt. Zettel schreit auf und sackt hinter seinem Schreibtisch zusammen.

Ohne einen weiteren Ton von sich zu geben, dreht sich Luigi Centra um und verlässt ohne Eile die Arztpraxis durch das verlassene Vorzimmer, geht am leeren Wartezimmer vorbei auf die Straße hinaus. Noch immer ist es drückend heiß, Hochsommer eben. Hundstage, wie sie hier in Deutschland dazu sagen.

Luigi Centra muss nachdenken. In der letzten halben Stunde hat sich auch sein Leben verändert; die Sprechstundenhilfe würde ihn vermutlich wiedererkennen. Immerhin hat er es vermieden, seinen richtigen Namen zu nennen. Trotzdem Scheiße.

Die Schüsse hat offenbar niemand gehört – aber hat ihn nicht jemand das Haus verlassen sehen? Die Praxis liegt zwar nicht gerade an der Hauptstraße, aber doch so nahe am Zentrum, dass immer irgendwelche Passanten vorbeilaufen. Er hat nicht darauf Acht gegeben, warum nur? Man kann einfach nicht vorsichtig genug sein.

Luigi Centra wird klar: Er muss weg. Und zwar erstens schnellstmöglich und zweitens für längere Zeit. Am besten nach Süditalien. Dort kann man‘s doch ganz gut aushalten – insbesondere, wenn man Geld hat. Nun, da wäre zwar der Verlust, den Dr. Zettel verursacht hat; aber von der Beute ist noch genügend da, schätzungsweise dreihunderttausend. Andererseits, auch eine solche Summe hält nicht ewig. So fasst er einen Entschluss, einen weit reichenden Entschluss, der jetzt gleich, noch heute Abend umgesetzt werden muss.

14

Während sich über dem Sommerabend ganz allmählich die Dämmerung ausbreitet, kommen die Menschen aus ihren Häusern. Sie drängen nach draußen, nachdem die Hitze des Tages gebrochen ist, sie dürsten danach, sich noch ein bißchen zu unterhalten, etwas zu trinken, den Abend zu erleben.

Nach und nach wird es immer voller in den Straßencafés auf dem Marktplatz in Bretten. Frisch gebräunte Körper werden zur Schau gestellt, man goutiert die aktuellen Modedrinks, Hugo oder Spritz Aperol, und man hat sich unendlich viel zu erzählen. Die lähmende Hitze weicht einer angenehm-wohligen Wärme, eine sommerlich-heitere Gelassenheit, wie sie typisch ist für diese badische Gegend, schwebt über allem.

Doch eine Ausnahme scheint es zu geben: An einem der Tische vor dem Café Eulenspiegel auf dem Marktplatz sitzen Dennis und Kevin. Angespannt, sichtlich nervös und sichtlich aufgeregt trinken sie ein Weizenbier. Kevin leidet unter einem kapitalen Sonnenbrand am Rücken, den er sich heute Nachmittag am Baggersee geholt hat, während Dennis sich mit Olga anderen Freuden hingab. Beide erwarten dasselbe: Jetzt und hier reich zu werden! Mit den Freundinnen wurden Pläne geschmiedet, was man aus so einem plötzlich aufgetretenen Reichtum so alles machen könnte: Coole Autos, ausgeflippte Klamotten, mal so richtig shoppen gehen, ohne aufs Geld zu achten ...

Da naht Luigi Centra, der Typ, der das Geld, den Wohlstand, das Glück bringen soll. Aber Centra wirkt irgendwie komisch, fast geistesabwesend, mürrisch. Irgendwas stimmt da nicht.

„Hi, Jungs". Sorgfältig taxiert er, wer an den Nachbartischen Platz genommen hat. Dann wird er sofort sehr ernst, um mit leiser, eisiger Stimme zu erklären, dass bei der Geldwäsche etwas schief gelaufen ist. Und dass das Geld weg ist. Einfach weg! Nicht zu fassen: Wie? Das kann doch gar nicht sein! Alles weg? Die jungen Männer keuchen. Den durchaus nicht unbedeutenden Rest verschweigt Centra; der ist für seine Reisekasse fest einkalkuliert. Mit milderer Stimme wendet er sich wieder an Dennis und Kevin. Keine Frage, dass die Polizei in ein bis zwei Tagen auf seine Spur kommen wird; bis dahin muss er sich tief ins Ausland verdrückt haben. Für die jungen Mittäter wird dergleichen nicht nötig sein. Sie sind sicher – es existiert ja keine beweisbare Verbindung zwischen ihm und den beiden.

Kevin und Dennis werden blass. Als Luigi fortfährt und ihnen erklärt, dass es heute Abend höchstens eintausend

Euro für jeden geben wird, können sie sich nur mühsam auf den Sitzen halten. Aber da schiebt der Profi nach, dass er noch einen ganz anderen Plan in der Tasche hat: den ultimativen, den riesengroßen Coup! Danach wird es für sie alle heißen: Mädels eingepackt und Abflug nach Süden! – Es nimmt ein Weilchen in Anspruch, bis die Geprellten neue Hoffnung schöpfen. Doch die in Aussicht gestellte Summe, weit höher als alles, was sie sich bislang zu erträumen wagten, leistet unmittelbar Überzeugungsarbeit.

Unauffällig in eine Zeitung verpackt, wechselt das Geld die Seiten. Die drei stecken die Köpfe zusammen. Nichts von dem Gemurmel ist zu verstehen. Ringsum genießen die Daheimgebliebenen den lauen Sommerabend, man ist fröhlich, hängt dem einen oder anderen Tagtraum nach.

15

Hauptkommissar Kühnle sitzt am Dienstagmorgen bereits kurz nach halb sieben am Schreibtisch und geht noch einmal alle Fakten des Mordfalls durch. Die Befragung weiterer Zeugen aus dem internen Bereich hat ergeben, dass die Geldtransportfirma der Sparkasse kürzlich neue, gesicherte Spezialkoffer für Geldtransporte zwar angeschafft hat, diese am Freitag aber nicht im Einsatz waren; ein verborgener GPS-Sender sollte noch eingebaut werden. Darum hat man, wie all die Jahre zuvor, noch einmal auf die bewährten, einfachen Alukoffer zurückgegriffen, um das Bankhaus in Bretten mit Bargeld zu versorgen.

Bedingt durch die Aufstellung zahlreicher Geldautomaten, die täglich teilweise sogar mehrfach bestückt werden müssen, benötigt man zur Zeit ziemlich viele Fünfzig- und Hundert-Euro-Scheine; diese werden zentral nach Bretten gebracht und von dort aus in die Filialen verteilt. Den Sammeltransport der gesamten Geldmenge haben die Bankangestellten früher mit einem ganz normalen Auto gemacht; heute wird dafür die Sicherheitsfirma eingesetzt.

Kühnle geht nochmals alle Protokolle durch. Er registriert, dass die Revierbeamten in Bretten zehn bis fünfzehn aufgemotzte alte 3er-BMW-Modelle in der Umgebung kennen. Gegenwärtig sind sie dabei, diese nacheinander aufzusuchen und die Fahrer zu befragen. Bislang ohne Ergebnis.

Das zerbrochene Glasröhrchen enthielt tatsächlich Nervengift, das die beiden Wachmänner fast augenblicklich getötet haben muss, zuerst aber den Fahrer – die Ausbreitung in den Laderaum über die Klimaanlage muss zeitverzögert erfolgt sein. So jedenfalls die krimintaltechnische Untersuchung. Wie aber kommt das Gift in ein abgeschlossenes und gepanzertes Fahrzeug? Diese Frage geht Kühnle nicht aus dem Kopf. Immer wieder von neuem überlegt er, wägt ab, spekuliert. Hin und her dreht er die Frage im Kopf, doch er findet keine Lösung, noch nicht.

Versonnen schlurft der Kommissar zur Kaffeemaschine hinüber. Aus der Tatsache, dass weder Wasser eingefüllt noch die Maschine überhaupt eingeschaltet ist, folgert er, dass seine Assistentin Katrin noch nicht im Büro sein kann. Die Bedienung der Maschine hat er, in dieser Frage ganz alte Schule, zu ihren ersten Pflichten erklärt. – Wenn er so über sie nachdenkt – und das geschieht häufiger als dies für ein Dienstverhältnis angemessen erscheint – kommt sie ihm in letzter Zeit verändert vor. Dass sie einen Freund hat, ist nicht wirklich neu; dass sie zusammenziehen wollen, hat sie ihm schon vor ein paar Wochen gesagt. Es ist etwas anderes. Könnte es sein, dass sie in den letzten Tagen irgendwie fraulicher geworden ist? Ja, das ist offensichtlich.

In diesem Augenblick beginnen sich die Ereignisse zu überschlagen. Zuerst klingelt Kühnles Telefon. Die Brettener Polizei meldet einen weiteren Mordfall. Diesmal ist es der Brettener Landarzt Dr. Zettel, der vor wenigen Minuten von seiner Sprechstundenhilfe erschossen im Behandlungsraum seiner Praxis gefunden wurde. Robert Kühnle legt auf. Für einen Moment legt er seine Stirn in die hohle Hand. Dr. Zettel! Unmöglich ... Was ist denn nur auf einmal los in seiner sauber gekehrten, urlaubsdrögen Provinz?

Dann hört er, wie im Vorzimmer Katrin eintrifft, die Umhängetasche fliegt geräuschvoll auf den Schreibtisch. Mit wehenden Haaren gleitet sie herein, grüßt kurz „Morgen, Chef!" und will gleich wieder zurück ins Vorzimmer. Er stoppt sie.

„Du brauchst gar nicht auspacken, wir starten sofort! Es gibt schon wieder einen Mord. Diesmal klassisch. Tatwaffe Pistole."

Während der Fahrt herrscht angespannte Stille im Wagen. Katrin hält sich immer wieder den Bauch. Schließlich platzt sie heraus. „Mir ist sterbensschlecht, Chef, können Sie bitte kurz anhalten?"

Robert Kühnle versteht die Welt nicht mehr. Sogleich bringt er den Wagen zum Stillstand, direkt am Rand der

Bundesstraße. Katrin stürzt hinaus und fängt sofort an, sich zu übergeben.

Kreidebleich kommt sie nach einigen Minuten zurück zum Auto. Kühnle schaut sie groß an. Katrin versucht zu lächeln: „Chef, ich bin schwanger."

16

Maike ist im siebten Himmel, seit sie am Samstagabend den jungen Oberschüler aus Bruchsal kennengelernt hat. Irgendwo am Mozartweg wohnt er; das muss auf dem Berg sein, wenn man beim Paulusheim hinaufstiefelt, Richtung Belvedere. In Bruchsal kennt sich Maike nicht besonders aus – all seine Erklärungsversuche sind an ihrem schlecht ausgeprägten Orientierungssinn gescheitert.

Weibliches Geografieverständnis, hat Marvin formuliert. Wie charmant! Für heute Nachmittag haben sie sich am Damianstor verabredet, einem Begrenzungsbau des barocken Schlossraums. In Bruchsal kennt das wirklich jeder; beim besten Willen kann man es nicht verfehlen.

Maike fühlt sich so unendlich gut. „Schmetterlinge im Bauch" nannte man das früher, meinte ihre Mama, als sie ihr schwärmerisch von Marvin erzählt hat.

Ohne weiter nachzufragen, hat Maike den altersschwachen Polo gebucht. Marvin macht seinen Führerschein erst in einigen Wochen, wenn er achtzehn wird; aber sie – sie ist doch schon neunzehn! Sie darf schon längst alleine fahren.

Von Bretten weiß Marvin so viel wie Maike von Bruchsal – nämlich mehr oder weniger gar nichts. Sie planen, zunächst einmal das neue Schwimmbad auszuprobieren. Dann wird sie ihn einladen: beim Spatuzzi in der Weißhoferstraße, zum Eis essen! Das ist Kult in Bretten, das muss man im Sommer einfach machen. Tagaus, tagein bilden sich bis in den späten Abend hinein lange Schlangen vor dem kleinen Laden. Eltern mit ihren Kindern sitzen draußen auf den wenigen Bänken, auch viele Rentner, während die Jungverliebten, cool an ihre Autos gelehnt, den Eisbecher in der Hand, immer noch einen Arm frei haben, um einander zu umschlingen. Oder doch lieber zu Peppinos Jogurtissimo. Besser für die Linie! Oder beides? – Obwohl die beiden Schwestern sonst fast unzertrennlich sind, will sie heute ihre Anika ausnahmsweise einmal nicht mitnehmen.

Auch Marvin überlegt, wie er seiner Maike eine Freude machen könnte. Die Integralrechnung wird er ab September wieder genauer unter die Lupe nehmen; auch sein Lieblingsfach Englisch muss jetzt einfach mal warten, er hat heute wichtigere Dinge zu erledigen. Zum Glück ist seine Mutter noch nicht zurück von ihrem Mandantentermin und Papa noch in der Firma. So reicht es, wenn er einen Zettel hinterlässt: „Bin noch mal weg zum Schwimmen und komm heut Abend eher etwas später heim, Gruß Marvin."

Glücklichweise ahnt er zu diesem Zeitpunkt noch nicht, wie spät es wirklich werden wird ... und welch haarsträubende Entwicklung der Tag nehmen wird.

17

Inzwischen sind Kühnle und seine Assistentin Katrin am Tatort eingetroffen. Sie finden mehrere aufgelöste Sprechstundenhilfen und Arzthelferinnen sowie geschäftige Polizeibeamte in der Praxis vor. Ein paar Patienten tuscheln miteinander im Wartezimmer; ihre Kommentare reichen von „Und wo soll ich denn jetzt hin, ich brauch doch mein Rezept!" über „„Endlich mal was los hier" bis zu der verzweifelten Frage: „Muss ich jetzt noch mal zehn Euro Praxisgebühr bezahlen?"

Robert Kühnle verschafft sich einen ersten Überblick, er nimmt den Toten auf dem Drehstuhl hinterm Schreibtisch in Augenschein: unnatürliche Haltung, zusammengesunken, die rechte Hand vor dem durchschossenen Herzen zur Faust geballt. Ansonsten ist keinerlei Unordnung im Behandlungszimmer festzustellen. Offensichtlich wurde nichts aufgebrochen. Raubmord wäre dann ja wohl auszuschließen. Plötzlich fährt der Hauptkommissar die leise weinende Sprechstundenhilfe an: „Ich brauch sofort was gegen Schwangerschaftsbeschwerden, aber bitte dalli!"

Das geht nun wirklich über ihr Fassungsvermögen: der Chef erschossen ... und jetzt noch ein polternder Kriminalbeamter, der Schwangerschaftsbeschwerden hat! Die Ärmste heult ungehemmt drauflos.

Kühnle merkt, dass er vielleicht nicht ganz den richtigen Ton getroffen hat. Er entschuldigt sich und erklärt die Situation: Seiner Assistentin gehe es wirklich schlecht.

Die ausführliche und von ständigem Aufheulen begleitete Befragung der sechsunddreißigjährigen, etwas fülligen Sprechstundenhilfe bringt bald die Erkenntnis, dass am Abend zuvor ein letzter unbekannter Patient den Doktor aufgesucht habe – ein Patient, der ein großes Interesse daran hatte, unerkannt zu bleiben. Die bemitleidenswerte Frau kann eine detaillierte Beschreibung liefern. Sofort veranlasst Kühnle anhand der wenigen dahingestammelten Merkmale einen Fahndungsaufruf: Gesucht wird ein Mann südländischer Herkunft, gut gekleidet, seriöses Auftreten und so weiter und so weiter ...

Katrin hat die Tabletten eingenommen. Langsam geht es ihr wieder etwas besser. Sie ist nicht mehr so blass wie vorher. Tapfer nimmt sie weitere Zeugenaussagen auf, während um sie herum fotografiert und nach auffälligen Gegenständen gesucht wird. Alle Beteiligten, sichtlich aufgeregt und mitgenommen, schildern ihre Version des vermeintlichen Tathergangs.

Der Hauptkommissar kann sich keinen Reim auf das Geschehen machen. Aus seiner Sicht ist kein Motiv erkennbar ... bis er neben einem alten kleinen Arztschrank einen kleinen Aluminiumkoffer findet –, der ein paar Geldscheine enthält: Einhundert-Euro-Scheine! Der Überfall auf den Geldtransporter ... ?

Plötzlich ergreift eine große Unruhe die anwesenden Polizeibeamten: Hektisch wird telefoniert, ein Streifenwagen rast los, Assistenten schwirren aus. Ein Beamter kommt eilig auf Robert Kühnle zu: „Sie werden's nicht glauben, der Geldtransporter ist schon wieder überfallen worden. Vor der Sparkasse. Das gibt's doch gar nicht!" Robert Kühnle ist selten sprachlos, aber in diesem Moment bleibt ihm einfach der Mund offen stehen. Einige Sekunden benötigt er, bevor er seine Fassung wieder gewinnt.

„Katrin, wir müssen!", ruft er durch die Arztpraxis.

Schon am Tonfall erkennt sie, dass es diesmal wirklich ernst sein muss. Sehr ernst. Todernst.

18

Kevin und Dennis sitzen in einem giftgrünen Audi, den sie in der Omnibushaltebucht vor der Sparkasse geparkt haben. Sie warten. Beide sind nervös. Verständlich – sie harren auf die Ankunft des Geldtransporters aus Bruchsal, der wie immer gegen zehn Uhr eintreffen wird.

„Der ganze Plan ist einfach Scheiße!“, flucht Dennis vor sich hin.

Auch Kevin ist sich darüber im Klaren, dass sich das Risiko gewaltig erhöht hat; andererseits hat Luigi Centra natürlich recht, wenn er behauptet, dass kein Mensch mit einer Wiederholung des Überfalls rechnet. – So warten sie und rauchen eine Zigarette nach der anderen. Kevin dreht ein Glasröhrchen in seinen Händen hin und her.

„Er kommt!“, ruft Dennis

Kevin steigt möglichst cool und gelangweilt aus dem Audi und schlendert auf den Parkplatz, auf die Absperrschranke zu. Just in dem Moment, als der Fahrer des Geldtransporters sein Fenster öffnet, um die Absperrschranke mit einer Codekarte zu entriegeln, ist Kevin neben dem Auto, öffnet das Glasröhrchen und wirft es wie nebenbei in das Fahrerhaus des Transporters. Sofort beginnt Giftgas auszuströmen.

Die Schranke öffnet sich, der Fahrer bemerkt zunächst nichts und fährt an. Aber was ist das? Statt den Transporter ordnungsgemäß in die Parkposition zu fahren, gibt er abrupt Vollgas. Die Reifen quietschen, das Fahrzeug rast geradeaus, rammt krachend ein eingeparktes Auto und knallt in die Eingangsstufen der Treppe zur Sparkasse, wo es mit heulendem Motor stehen bleibt.

Die Fahrertür öffnet sich, der uniformierte Wachmann fällt heraus, windet sich am Boden und brüllt: „Überfall! Überfall!" Dann wird er ohnmächtig.

Offensichtlich hat auch der Kollege im Laderaum die Gefahr erkannt und will fliehen. In Panik öffnet er die seitliche Schiebetür, als er überraschend Kevin vor sich sieht.

„Her mit der Kohle, oder du bist tot!"

Der Wachmann ist so überrascht, dass er wie in Trance nach dem Geldkoffer greift. In diesem Moment schlägt Kevin ihn brutal ins Gesicht und reißt den Koffer an sich. Der Wachmann verliert das Bewusstsein und fällt zu Boden, während Kevin losspurtet, den Geldkoffer in der Hand.

„Tatsächlich, die sind wirklich so blöd und haben wieder keinen Sicherheitskoffer genommen."

Dann will er nur noch weg, so schnell wie möglich. Er hört das Aufheulen des Motors und rennt auf Dennis'

Audi zu ... noch wenige Meter ... als er hinter sich plötzlich Verfolger wahrnimmt. Die Männer aus dem Sportcafé haben den Crash gehört, den Überfall beobachtet und sofort reagiert. Sie rennen, was das Zeug hält. Doch Kevin ist gut in Form; nicht umsonst schwitzt er beinahe täglich in der Muckibude. Mit einem beherzten Sprung hechtet er ins Auto. Dennis startet mit durchdrehenden Rädern. Der Wagen braust mit einer Wahnsinnsgeschwindigkeit davon.

Doch heute ist alles anders als am Freitag: Bereits nach weniger als zwei Minuten ist die Polizei vor Ort. Erkan, einer der Verfolger aus der Sportbar, kann eine präzise Beschreibung des Audi geben; nach weniger als zehn Minuten ist eine komplette Großfahndung im Gange; sogar ein Hubschrauber knattert über der Stadt.

Für Kevin und Dennis gibt es keine andere Chance: Der Audi muss weg! Sie beschließen, aus Bretten raus in Richtung Süden zu fahren, zunächst gen Pforzheim, dann rasen sie an der Tierklinik vorbei in den Wald und parken das Auto in einem seit Jahrzehnten verlassenen Steinbruch. Sie suchen nach breit schattenden Bäumen, damit das Auto zumindest aus der Luft nicht erkannt werden kann. An Wärmebildkameras oder Handy-Ortung denken die beiden in dem Moment nicht.

So fühlen sie sich relativ sicher, als sie die Flucht zu Fuß fortsetzen. Ein triumphales Gefühl, es wieder einmal geschafft zu haben, beschleunigt ihre Schritte. Mitten im

Wald laufen sie auf eine größere Holzhütte zu, den besagten Aluminiumkoffer fest im Griff. Vor der Hütte finden sie einen älteren Opel Corsa, der vermutlich einem Forstarbeiter gehört. Selbst für einen abgebrochenen Lehrling des Kraftfahrzeughandwerks ist es keine große Kunst, das Fenster einzuschlagen und das Auto kurzzuschließen. Zum Glück handelt es sich um ein betagtes Modell, die Sache verläuft problemlos. Unerkannt fahren sie, vorsichtig nach allen Seiten spähend, so unauffällig wie möglich zurück nach Bretten.

Dennis steuert den alten Corsa auf den großen Parkplatz am Kraichgau-Center und lässt ihn dort stehen. Dann gehen sie zu Fuß weiter zu Kevins Bude; Dennis' Wohnung ist ihnen im Augenblick zu heiß. Wer weiß, vielleicht hat jemand das Kennzeichen am Audi aufgeschrieben? Dann sind die Bullen natürlich sofort bei Dennis zu Hause.

Sogleich telefonieren sie mit Luigi Centra und verabreden sich für den Nachmittag zur Geldübergabe. Er wird den neuen Koffer mit heißem Geld ausgehändigt bekommen, sie erhalten dafür je einen Umschlag mit frisch gewaschenen Mäusen. Dass dies heute nicht so funktionieren wird, weiß zu diesem Zeitpunkt nur Luigi Centra. Er wird ihnen einfach ein paar der gekennzeichneten Scheine überlassen ...

Kevin findet das Risiko zunächst zu hoch, ausgerechnet beim Spatuzzi die Übergabe zu vereinbaren. Doch

Dennis kann ihn überzeugen: Die ganze Aktion ist ja äußerst rasch über die Bühne gegangen; niemand wird sie erkannt haben. Centra soll seinen roten Alfa vor dem früheren Autohaus parken. Kevin wird angewiesen, so nahe heranzufahren, dass von Kofferraum zu Kofferraum das Geld unauffällig Geld in zwei Richtungen wandern kann. Dann trennen sich die Wege – für immer ... oder zumindest für eine sehr, sehr lange Zeit.

Aber auch Luigi Centra kann noch nicht wissen, dass die Übergabe diesmal nicht nach Plan verlaufen wird.

19

Marvin schwebt über allen Wolken: Maike hat ihn tatsächlich in Bruchsal abgeholt! Sogar das Damianstor hat sie gefunden. Jetzt liegen sie auf der Wiese im neuen Schwimmbad in Bretten. Das Edelstahl-Schwimmbecken schimmert bläulich in der prallen Nachmittagssonne; es ist heiß – Badewetter, Hundstage ... Ringsumher wirbeln zahlreiche Familien, viele Kinder, die so lange im Wasser spielen, bis ihre Lippen blau werden und sie vor Auskühlung zittern. – Aber das registrieren die begleitenden Mütter in der Regel erst ziemlich spät, sind sie doch vollauf damit beschäftigt, sich gegenseitig ihre miese Lebenssituation zu erläutern: von unaufmerksamen Ehemännern ist da die Rede, von unerfüllten Träumen, der immer gleichen Tristesse in der noch lange noch nicht abbezahlten Eigentumswohnung ...

Hat man nicht gerade den absoluten Traummann gesehen? Und dieser, lächelte der nicht freundlich zurück? Vielleicht passiert ja doch noch einmal was im Leben, vielleicht beginnt in diesem Augenblick ein wildes Abenteuer ... So wie bei der besten Freundin neulich, die mit ihrem südländischen Casanova einfach abgehauen ist! Na ja, ob man so etwas mit all den Folgen wirklich erstreben sollte, ist doch sehr die Frage. Aber schön wär's schon! Einfach raus aus all dem Alltag.

Solche Fragen interessieren Marvin freilich nicht im Geringsten. Er hat nur Augen für Maike, seine Maike, die er doch erst am Freitag kennengelernt hat, und die er schon so sehr liebt, als kenne man sich ewig. Das Leben, wie schön! Sie schaut ihm unentwegt in die Augen, tief, ohne seinem Blick auszuweichen, einfach nur so, und er begegnet diesem Blick, der Sommer der Liebe. Gegen halb vier an diesem Dienstagnachmittag beschließen die Verliebten, ein Eis essen zu gehen, beim Spatuzzi natürlich, der Institution in Bretten. – Sie kleiden sich an, sofern man diesen sekundenschnellen Vorgang wirklich so bezeichnen möchte: Maike schlüpft in ein T-Shirt und in ein kurzes Nichts von Röckchen, Marvin braucht nur seine Shorts und sein KSC-Shirt. Dann geht es vom Freibad in Richtung Innenstadt, vorbei am Elektro-Sauter zur Eisdiele. Spaghetti-Eis ist heute angesagt, Malaga mit After-Eigth, lecker!

Beide sitzen auf der Bank vor dem Eisladen und träumen vor sich hin ... und bemerken nicht den Mann mittleren Alters, der neben ihnen Platz nimmt, einen smarten Herrn aus Italien, den momentan ganz andere Sorgen umtreiben. Luigi Centra muss sich so unauffällig wie möglich verhalten, drum wählt er die schlichteste Tarnung:

Er geht Eis essen wie hundert andere auch an diesem Tag. In seinem Kopf schwirren tausend Gedanken; ob die Aktion vom Vormittag wirklich geklappt hat? Wo die beiden Kerle jetzt wohl sind? Ob sie erkannt wurden? Ob sie auch wirklich genug Geld für seine Flucht nach Süditalien erbeutet haben? Wieder einmal wählt er die Handynummer von Dennis. Endlich nimmt er das Gespräch an.

„Hey, alles klar? Bin beim Spatuzzi. Wann kommt Ihr denn? – Ja? – Okay ...“

Luigi ist aufs Äußerste angespannt, er hört auf jedes kleinste Geräusch. Wie anders das verliebte Pärchen neben ihm, das die Welt um sich herum zu vergessen scheint! – Plötzlich erscheint der lila-weiße Wagen. Luigi atmet auf. Gott sei Dank, Mamma mia, endlich!

Der Wagen stoppt direkt neben dem roten Alfa. Luigi geht darauf zu. Ein kurzer Wortwechsel. Unauffällig wird der Kofferraum geöffnet. Ein Aluminiumkoffer verschwindet im Alfa, zwei dicke Umschläge wandern in den BMW. In Sekunden ist alles vorbei. Emotionslos kehrt Luigi zurück zur Eisdiele, während Dennis und Kevin in aller Ruhe auf der Motorhaube Platz nehmen. Nichts in aller Welt scheint sie davon abhalten zu können, die Lage zu sondieren: Welche jungen Mädchen könnte man denn wohl beeindrucken, jetzt, im Hochgefühl der Unbesiegbarkeit?

Klar, dass die beiden der empfänglichen Weiblichkeit auffallen; klar, dass Kevins Netzhemd seinen athletischen Oberkörper sehr vorteilhaft zur Geltung bringt. Cool zündet er sich eine Zigarette an, weicht den heimlich-begehrlichen Blicken manch einer Schülerin nicht aus.

Dieses Spiel wird jäh unterbrochen, als ein Streifenwagen auftaucht und langsam an der Szenerie vorbeifährt. Das Auto hält an der Abzweigung nach Derdingen, dreht wieder um und rollt gemächlich auf den getunten Wagen zu. Blitzartig sitzen Kevin und Dennis wieder im Auto. Ratlos schauen sie einander an. Abwarten.

Als der Streifenbeamte, ein etwa fünfzigjähriger, routinierter Typ, den so leicht nichts mehr erschüttern kann, dem Streifenwagen entsteigt, gefolgt von seiner jungen Kollegin Sandra, lässt Kevin den Motor aufheulen. Mit einem Kavalierstart ohnegleichen rast der kleine Wagen davon Richtung Innenstadt.

Da die Streifenpolizisten immer noch auf der Suche nach aufgemotzten 3er-BMWs sind, kam ihnen Kevins weiß-lila Gefährt selbstverständlich sofort verdächtig vor. Sie hasten zurück in ihren blau-silbernen Mercedes und nehmen die Verfolgung auf. Unverzüglich wird die Halterabfrage im Polizeicomputer aktiviert.

Kevin bemerkt augenblicklich, dass sie verfolgt werden. So unauffällig wie möglich versucht er zu beschleunigen, bis zur nächsten Kurve. Dann gibt er wieder Vollgas. Bloß nichts wie weg!

„Scheiße", flucht Sandra am Steuer des Streifenwagens, als sie um die Kurve biegt und der BMW verschwunden ist; wie vom Erdboden verschluckt.

„Das gibt's doch gar nicht!", schimpft sie.

Auch ihr Beifahrer hat nichts gesehen, dauerbeschäftigt mit dem wie immer langsamen und störrischen Computer. Er hat lediglich herausgefunden, dass der 3er-BMW mit der Nummer KA – KV 1111 ursprünglich einmal weiß war und einem gewissen Kevin Köster gehört. Der ist zwar schon mehrfach aufgefallen wegen überhöhter Geschwindigkeit, aber sonst? Keine Einträge.

Gedankenschnell ist Kevin in den Hof einer Glaserei eingebogen und hat das Auto hinter dem Wohngebäude versteckt. Sein Plan geht auf; er sieht, wie der Streifenwagen vorbeifährt. Kevin lässt dem blausilbernen Fahrzeug einen deutlichen Vorsprung. Die beiden Beamten vermuten ihn vor sich und fahren deshalb immer schneller. Aber Kevin biegt aus dem Betriebshof in die andere Richtung ab, steuert den Wagen am Schwimmbad vorbei auf die Feldwege Richtung Knittlingen. Er weiß, dass er mit der ehemaligen Landesgrenze zwischen Baden und Württemberg auch die Reviergrenze der Brettener Polizei überschreitet. Wahrscheinlich wird zuerst auf der badischen Landesseite nach ihnen gesucht. Aber wohin jetzt? Erst allmählich dämmert es den beiden, was für eine Riesen-Dummheit sie gemacht haben; dass es diesmal kein Zurück mehr geben wird.

An einer von hohen Hecken geschützten Stelle halten sie an und öffnen die Umschläge, die Luigi ihnen gegeben. Sie sind überrascht: jeweils fünfzigtausend Euro! So viel haben sie nicht erwartet ... Dann war der ganze Aufwand keineswegs zu hoch! Aber was jetzt? Den Audi kann man frühestens heute Nacht holen, dann heimlich umlackieren ... Nein, verdammt, das wäre alles viel zu aufwändig, würde viel zu lange dauern.

„Wie wärs, wenn wir zusammen mit Luigi nach Italien fahren?", überlegt Dennis.

„Ph –." Kevin kann dem Gedanken zunächst wenig abgewinnen.

„Dort sollen die Mädels ja auch ganz nett sein ... Und Geld haben wir auch! Also, was soll's? – Na?"

Und so kommt es zu einem denkwürdigen Telefonat zwischen Dennis und Luigi Centra, das sich schon sehr bald als folgenreich erweisen wird.

20

Diesmal ist wirklich alles anders als am vergangenen Freitag: Die beiden Wachmänner sind noch am Leben! Nach einer Stunde fühlen sie sich zwar immer noch ziemlich benommen und alles dreht sich; dennoch ist der Fahrer schon fähig auszusagen, dass beim Öffnen der Schranke ein junger Mann mit rotem T-Shirt und Sonnenbrille auf seinen Wagen zukam und genau in dem Augenblick, als er sich aus dem geöffneten Fahrerfenster bückte, um mit der Codekarte die Einfahrschranke zu öffnen, etwas in den Innenraum des Transporters hineinwarf: eben jenes Glasröhrchen mit dem betäubenden Nervengift. Der Kollege weiß sogar noch, wie der junge Mann aussieht, der nach dem Crash, als er selbst fliehen und sich in Sicherheit bringen wollte, den Geldkoffer geklaut hat, um damit zu verschwinden: in einem giftgrünen, älteren Audi. Präzise beschreibt er Kevin, so dass nach wenigen Minuten ein Fahndungsaufruf an alle Polizeistreifen rausgeht.

Hauptkommissar Kühnle ist schier außer sich über die bodenlose Frechheit, denselben Raubüberfall nach wenigen Tagen einfach zu wiederholen ... und über die Dummheit der Verantwortlichen der Transportfirma, die ungesicherten Geldbehälter einfach weiter zu verwenden, in der naiven Hoffnung auf Unwiederholbarkeit. Aber siehe da, das Geld ist schon wieder weg.

Ausführlich befragt Kühnle die Zeugen aus der Sportbar, die den Täter verfolgt haben. Dann unterhält er sich mit den Wachmännern: und so schält sich allmählich ein klares Bild des Geschehens heraus. Definitiv handelt es sich um zwei Täter, beide jung und durchtrainiert. – Das Tatfahrzeug ist identifiziert; es gehört einem Dennis Hogbach aus Bretten, der jedoch bislang in seiner Wohnung nicht angetroffen werden konnte. Robert Kühnle ordnet an, die Wohnung zu observieren; er ist sich sicher, dass der Gesuchte dorthin zurückkehren wird – früher oder später, aber mit großer Sicherheit. Das sagt ihm sein Instinkt.

Während er noch wie ein Tiger am Tatort auf und ab tapert, vernimmt er aus einem Streifenwagen mit offenen Fenstern einen Funkspruch, der von der missglückten Verfolgung eines lila-weißen BMW berichtet ... Sofort greift Kühnle ein. Er verlässt sich auf sein in vielen Dienstjahren entwickeltes Bauchgefühl. Die Fahndung nach dem grünen Audi wird ausgeweitet auf den weiß-lilafarbenen Flüchtling.

Bereits Minuten später kreisen erneut Polizeihubschrauber über Bretten und der Umgebung.

Der Anruf eines Waldarbeiters beim Polizeirevier, der vermeldet, dass sein alter Opel Corsa abgängig ist, geht in dem Trubel zunächst unter … wiewohl just diese Information von entscheidender Bedeutung gewesen wäre.

21

Luigi Centra sitzt einmal mehr mitten unter den bunt gemischten Eis-Liebhabern der Melanchthon-Stadt. Er überlegt; bisher dürfte ihn noch niemand mit dem Mord an Dr. Zettel und den Überfällen in Verbindung gebracht haben. Die überstürzte Flucht mit dem BMW war eine unprofessionelle Reaktion seiner beiden jugendlichen Mittäter. So etwas kann einfach nicht gutgehen; die beiden werden sicher bald geschnappt werden. Und dann? Ja, dann werden sie bestimmt plappern und ihn verpfeifen ... Bis dahin muss er sich nach Italien abgesetzt haben. Während er sich mit diesen Gedanken beschäftigt, vibriert sein Handy. Ausnahmsweise hat er es auf leise gestellt; zögernd nimmt er das Gespräch an. Vorsichtshalber meldet er sich nicht, wie in Deutschland üblich, mit seinem Namen, sondern sagt nur „pronto?“. Am Apparat ist Dennis. Der klingt extrem aufgeregt. Luigi will kein Risiko eingehen. Gelassen steht er auf und geht ein paar Schritte zur Seite. Borgo dio! Die beiden haben das ganz schön vermasselt, denkt er sich, als er von der Verfolgungsjagd mit Kevins Auto hört – und dass die beiden jetzt nicht mehr weiter wissen. Sie hätten beschlossen, ihn in südliche Gefilde zu begleiten. – Das passt nun ganz und gar nicht in seinen Plan; Centra möchte kein zusätzliches Risiko eingehen. Andererseits, wenn er die beiden nicht mindestens ein paar Tage aus dem Verkehr zieht, werden sie unweigerlich singen.

Dennis und Kevin wissen einfach zu viel. Die Verbindung zu Luigi Centra, seine Verstrickung in die Überfälle ... dann ist er auch in seiner Heimat nicht mehr sicher. Genau genommen bleibt ihm gar keine andere Wahl. So verabredet er einmal mehr einen Treffpunkt mit den beiden.

Zuerst weist er Dennis an, den auffälligen BMW auf dem Parkplatz am Schwimmbad abzustellen; dort sind jetzt so viele Autos, dass es wohl ein bis zwei Stunden dauert, bis der Wagen gefunden wird. Nach allen Regeln der Kunst wird die Polizei das Fahrzeug auf Spuren untersuchen. So etwas dauert.

Danach, erläutert Centra, sollen sich die beiden ein anderes Auto organisieren und nach Bauschlott kommen, in den Goldenen Ochsen. Dort wird man abwarten, bis die Luft wieder sauber ist. Anschließend geht‘s direkt auf die Autobahn und ab nach Italien.

Centra hält dies für einen besonders schlauen Plan, denn in einem gutbürgerlichen Lokal wird man sicher nicht nach den Tätern suchen – weit eher in einer der zahlreichen italienischen Pizzerien ...

Inzwischen ist eine Gruppe von etwa zehn jungen Pärchen eingetroffen, die offensichtlich frisch vom Schwimmbad kommen. Sie necken einander, während sie in der Schlange zum Eisstand anstehen. Und es dauert, weil ein dreijähriger Knirps – vom Papa hochgehoben – die Entscheidung nicht treffen kann, ob er Schokoladeneis oder doch lieber Stracciatella bevorzugt. Seinem verschmierten Mund nach zu urteilen, hat er schon mindestens zwei Portionen Eis intus. Die Menschenschlange auf der Straße wächst und wächst.

Maike und Marvin bekommen von der Welt um sie herum nach wie vor nichts mit. Sie küssen sich, sind zärtlich zueinander und furchtbar lieb und erzählen sich von ihren Träumen. Was sie einmal machen wollen, in ferner Zukunft. Vielleicht ein Praktikum in Amerika? Oder lieber doch in Spanien? Es sind so heitere und hoffnungsvolle Gesprächsthemen, wie sie den frisch Verliebten dieser Welt vorbehalten sind. Sie vergessen die Zeit, sind einzig und allein füreinander da. Irgendwann beschließen sie, zum Parkplatz am Schwimmbad zurückzulaufen und mit Mamas Polo noch ein wenig spazieren zu fahren.

Es fällt den beiden nicht auf, dass zwei junge Männer, eine Sporttasche in Händen, auf dem Parkplatz warten. Der eine der beiden lehnt sich gegen ein Auto, starrt auf sein Handy. Der andere schaut den Mädchen nach, die gerade aus dem Bad kommen und zur Haltestelle der Stadtbahn laufen, fröhlich lachend und diskutierend.

Maike geht auf den roten Polo ihrer Mama zu. In dem Moment, als sie das Auto aufschließen will, kommen die beiden jungen Männer von zwei Seiten auf sie zu. In der engen Parklücke kann sie nicht ausweichen. Marvin steht auf der anderen Seite des Autos; von der bedrohlichen Situation hat er nichts mitbekommen. Der erste Mann, mit einem schwarzen Netzhemd bekleidet, geht eilig auf Maike zu. Sie versteht nicht, was vorgeht.

„Hey, was soll das?“

Da packt sie der andere am Oberarm und schlägt ihr ohne ein Wort mitten ins Gesicht. Maike schreit auf, lässt den Schlüssel fallen. Der Typ im roten T-Shirt hebt ihn sofort auf ... als Marvin um die Autos herumhastet und die beiden anbrüllt: „Ey, seid ihr noch sauber? Geht's noch?“

Der Schlag in den Magen streckt ihn sofort zu Boden. Maike versucht, nach dem Täter zu treten und schreit so laut sie kann – das hat ihr Vater ihr beigebracht: Gewalttäter fürchten nichts mehr als die Öffentlichkeit. Während sie sich bückt, um nach Marvin zu sehen, der sich zusammengekrümmt auf dem Boden wälzt, sind die beiden Täter ins Auto eingestiegen; sie starten und brausen davon.

Etliche Hilfsbereite eilen von allen Seiten herbei. Maike und Marvin sind so von der Rolle, dass sie zunächst überhaupt nichts sagen können. Maikes Nase blutet, ein Taschentuch wird ihr gereicht. Auch Marvin spuckt Blut –

vermutlich hat er sich bei dem Angriff auf die Zunge gebissen. Beide sind völlig verstört. Beruhigend reden die Helfer auf die Verletzten ein. Längst hat einer die Polizei und einen Krankenwagen gerufen.

Maike ist die Erste, die wieder klar denken kann. Noch bevor der Polizeiwagen eintrifft, verständigt sie ihren Vater. Sie ist sich sicher, nur der kann jetzt helfen.

22

Frühmorgens der tote Arzt – einfach erschossen, ohne erkennbares Motiv, ohne jeden sinnvollen Ansatzpunkt zur Fahndung. Dann der total verrückte zweite Überfall auf den Geldtransporter ... Kühnle reicht's wirklich. In solchen Extremfällen gibt es nur ein Mittel, die Kräfte zu sammeln: Der Kommissar beschließt, sich am Nachmittag eine Auszeit auf dem Marktplatz zu gönnen – bei einem Kaffee und einer Zigarre.

Zusammen mit seiner Assistentin Katrin setzt er sich im „Alten Rathaus" in den Schatten unter den nächstbesten Sonnenschirm, mit Blick auf den Marktbrunnen, und bestellt sich einen doppelten Espresso. Während er umständlich seine Zigarre anzündet – zuerst anschneiden, dann langsam mit dem Feuerzeug die Spitze anbrennen, schließlich den ersten Zug genießen –, beginnt er nachzudenken. Diese Fälle lassen ihn nicht mehr los. Tag und Nacht beschäftigt er sich damit, die Puzzleteile der Einzelinformationen zu einem sinnvollen Bild zu ordnen ... um endlich einen tauglichen Ansatzpunkt für die Ermittlungsarbeit zu finden.

Nun, den Namen des Audi-Halters kennt er mittlerweile; die Beschreibung, welche die Nachbarn gegeben haben, stimmt genau mit den Beobachtungen der Tatzeugen des Überfalls von heute Morgen überein. Der flüchtige 3er-BMW passt auch ins Schema, denn auch hier wurden zwei junge Männer beschrieben, die zumindest ungefähr den Angaben entsprechen, die bereits vorliegen. Folglich müssten die beiden zur Stunde mit diesem BMW unterwegs sein. Mensch, es kann doch nur eine Frage der Zeit sein, bis ein derart auffälliges Auto entdeckt wird!

Hingegen, was es mit dem Mord in der Arztpraxis auf sich hat, das versteht Robert Kühnle noch nicht einmal ansatzweise. Hier gibt es außer den Aussagen der Arzthelferin über den letzten Patienten am Abend keinerlei Anhaltspunkte. Völlig unklar bleibt das Tatmotiv. In diesem Fall kann er, wie es aussieht, zunächst einmal nur auf seinen Kollegen, den berühmten „Kommissar Zufall", hoffen. Vielleicht wird sich ja morgen ein Zeuge melden, wenn die ganze Sache in den Brettener Nachrichten kommt – vielleicht ...

Versonnen zieht Robert Kühnle an seiner Zigarre und beobachtet die Menschen um sich herum: Katrin hat wieder etwas mehr Farbe im Gesicht; sie sieht einfach umwerfend aus. Während sie an einem Caffè freddo schlürft, erzählt sie von ihrem Freund, davon, dass man ja nun doch heiraten will, aber erst, wenn das Kind da ist. Ob das dann noch „ganz in Weiß" geht oder besser einfach bunt und sommerlich? Robert Kühnle ist mit seinen Gedanken ganz woanders. Er hat nicht zugehört. „Was war die Frage?“

Doch im nächsten Moment, als Katrin, ein wenig indigniert, erneut ansetzt, die Problemlage zu schildern, ist der Chef schon wieder beschäftigt. Es ist nicht seine Schuld, er muss einer rassigen Schwarzhaarigen nachschauen, die, ein Hündchen an der Leine, über den Marktplatz schlendert. Sowohl Herrin als auch Hund sind sich ihres Wertes offensichtlich bewusst. Beide genießen die Aufmerksamkeit, die ihnen zuteil wird, und sie stolzieren mit unnachahmlicher Grazie über das sommerlich aufgeheizte Pflaster des Marktplatzes.

Kühnles Handy klingelt. Seine Töchter haben ihm so einen verrückten Klingelton draufgespielt, peinlich, es hört sich an wie früher: die uralten schwarzen Telefonapparate mit Wählscheibe. Maike ist dran. Sofort erkennt er an der Stimmlage, dass etwas nicht stimmt. Tatsächlich, nach wenigen Sätzen ist ihm klar, was los ist. Fahrig legt er das Geld für den Kaffee auf den Tisch und stottert: „Wir müssen sofort los, Katrin! Diesmal hat's meine Tochter erwischt. Jetzt ist Schluss mit lustig! Das war zu viel.“ Mit diesen Worten legt er die Zigarre in den Aschenbecher, wo sie langsam ausglimmen wird.

Ohne Rücksicht auf Passanten stürmen beide los zum Parkhaus und rasen zum Tatort am Schwimmbad. Unterwegs entnimmt der Hauptkommissar dem Funkverkehr der Polizei, dass jetzt nach dem roten Polo seiner Frau gefahndet wird. Der weiß-lilafarbene 3er-BMW wurde aufgefunden. In Kürze wird eine exakte Täterbeschreibung bei ihm eintreffen.

„Nicht zu fassen: Das Auto meiner Frau in der Fahndung ..."

Mit quietschenden Reifen biegt Kühnle in den Parkplatz ein, ein Krankenwagen ist zu erkennen mit geöffneten Hecktüren. Zwei Streifenwagen der Brettener Polizei parken schräg überm Bordstein. Als Robert Kühnle aussteigt, rennt seine Tochter heulend auf ihn zu.

„Papa!" Schluchzend wirft sie sich ihm in die Arme. Er drückt sie fest an sich, versucht sie zu beruhigen.

„Ich bin ja da ..."

Seit jeher ist die Vorstellung, dass seinen Mädchen etwas zustoßen könnte, der schlimmste Albtraum für ihn, eine Vorstellung reinsten Entsetzens. Immer hatte er befürchtet, dass irgendwann einmal so etwas geschehen könnte – jetzt hat die Realität seine Angstfantasien eingeholt. Es ist Wirklichkeit ... und er kommt sich klein und ohnmächtig vor.

Gehetzt fasst der Streifenbeamte vor Ort das Geschehen zusammen. Da erst erblickt der Kommissar Marvin, der schmerzverzerrt am Boden liegt. Drei Sanitäter bemühen sich um ihn.

„Wer ist das?" Maike klärt ihn auf: „Das ist Marvin, Paps, mein Freund! Er hat versucht, mich zu verteidigen, und da haben sie ihn brutal zusammengeschlagen."

Marvin bringt es tatsächlich fertig, ein wenig zu lächeln; seine Maike lächelt er an ... und bringt sogar noch ein „Hi!" als eine Art Begrüßung für ihren Vater heraus, bevor er wieder ohnmächtig nach hinten sinkt.

„Den müssen wir mitnehmen in die Rechbergklinik", sagt der Rettungssanitäter zu Kühnle. „Und sicherheitshalber ihre Tochter auch. Ich schätze, dass sie so in etwa zwei Stunden nachkommen sollten – bis dahin werden wir die beiden durchgecheckt haben. Der Arzt kann ihnen dann mehr sagen. – Wir starten jetzt."

Auch Maike steigt in den Notarztwagen, der sogleich mit blinkendem Blaulicht und weithin hörbarem Signalhorn davonfährt.

Kühnle sieht dem Rotkreuzwagen schweigend nach, er hofft, dass das alles gut ausgeht – dann dreht er sich ruckartig um und ordnet an, dass sofort ein Fahndungsaufruf mit einer möglichst präzisen Täterbeschreibung an die lokalen Radiosender gehen soll. Die gesamte Bevölkerung wird aufgerufen, an der Fahndung teilzunehmen.

Er weiß noch nicht, dass diese Fahndung den Durchbruch bringen wird, mehr sogar: die Klärung aller Fälle auf einmal.

23

Luigi Centra sitzt im Biergarten der Gaststätte zum Goldenen Ochsen in Bauschlott. Es kommt ihm gut zupass, dass dieser Ort von der Straße aus nicht eingesehen werden kann – und doch liegt er direkt an der Bundesstraße zur Autobahn ... Später, wenn die Ringfahndung abgeblasen ist, wird er sich problemlos auf sicherem Fluchtweg in Richtung Italien absetzen.

Zur Bekämpfung der Hitze hat er sich gerade ein weiteres Bier bestellt; die Küche wird heute wohl erst gegen fünf Uhr wieder geöffnet. So beobachtet er die wenigen nachmittäglichen Gäste, die an den Tischen neben ihm sitzen und sich unterhalten. Er sieht, dass zwei der Hotelgaragen offen stehen, ruft Dennis an und empfiehlt, das Fluchtfahrzeug einfach dort einzustellen. Dann muss nur noch die Tür gut verschlossen werden; damit sind sie für die nächsten Stunden hier absolut sicher.

In der Tat biegt nach einigen Minuten der rote Polo in den Hof des Lokals ein und rollt ohne zu stoppen in die Garage. Dennis und Kevin steigen aus, nehmen die Sporttasche aus dem Wagen, schließen das Garagentor und schlendern auf den Biergarten zu. Sie wirken wie Fremdkörper unter den eher betagten Mittagsgästen.

Draußen vor dem Lokal wird eine Straßensperre errichtet. Ein Streifenwagen mit eingeschaltetem Blaulicht hält mitten auf der Kreuzung. Mehrere Beamte stoppen jedes Fahrzeug, das sich aus Richtung Bretten oder Ölbronn nähert, um die Insassen zu kontrollieren. Ein weiterer Streifenwagen erscheint aus Pforzheim zur Verstärkung und wird in Fahrtrichtung Süden so geparkt, dass er jederzeit die Verfolgung flüchtender Täter aufnehmen könnte.

Gegen halb fünf rollt aus Richtung Stein ein weißer Smart mit einem groß gewachsenen Fahrer heran. Er hält gegenüber der Gaststätte an. Sven, der Koch, entsteigt dem kleinen Auto, geht gemächlich auf das Lokal zu. Verwundert überblickt er das Spektakel des Polizei-Großeinsatzes. Tja, grübelt er, auf den Umsatz wirkt sich das heute bestimmt eher negativ aus. Er schüttelt den Kopf und begibt sich in die Küche. Dabei passiert er den Biergarten, wo zu dieser Zeit etwa zehn Gäste Platz genommen haben. Fachmännisch schätzt er ab, was da wohl in der nächsten Stunde an Bestellungen auf die Küche zukommen könnte. Vermutlich dürfte heute wieder Ochsenmaul- oder Wurstsalat der Renner sein ...

Sein Chef wird etwas später kommen; am Mittag hat er sich verabschiedet und kurz erklärt, dass er mit seinen Kindern ins Freibad nach Bretten will. Vor halb sechs braucht man nicht mit ihm zu rechnen.

Sven begrüßt den Lehrling Fabio und weist ihn an, die hauseigene Lyoner vorzubereiten: maßgenau schneiden, heißt das, portionieren und im Kühlhaus bereitlegen. Während er sich um die diversen Salatvorräte kümmert, aus denen heute Abend die Salatplatten zusammengestellt werden sollen, dreht er das Küchenradio an.

Während auf der Neuen Welle mal wieder 80er-Jahre-Hits gespielt werden, fällt Sven auf, dass es in diesem Jahr gar keinen so richtigen Sommerhit gibt – so ein Song, der jeden Tag mehrfach gesendet wird, den jeder kennt und unwillkürlich mitsingt ...

Güven, der türkische Kellner, der die Nachmittagsschicht übernommen hat, kommt in die Küche und erzählt, dass so gut wie gar nichts los war bisher; lediglich ein einzelner Mann sitzt schon seit fast zwei Stunden im Biergarten, schweigsam und durstig. Bestimmt bestellt der jetzt was zu essen; soeben sind zwei junge Kerle dazugekommen und haben sich zu ihm gesetzt – vielleicht sein Sohn und ein Sportsfreund.

„Woher willst du denn wissen, dass das Sportler sind?", fragt Sven, leicht genervt ob der sprichtwörtlichen Neugierde seines Kollegen.

„Die haben eine große Sporttasche dabei", erklärt Güven eifrig. „Komisch, oder?"

„Wieso komisch?"

„Na ja, das kann doch wirklich keinen Spaß machen, bei dieser Hitze Sport zu treiben!"

Aber auch mit dieser Annahme kommt Güven bei dem Koch nicht an; Sven ist selber Sportler und kehrt sich einen Dreck darum, welche Temperaturen herrschen, wenn er seine Muskeln stählt. Eine Weile kappeln sich die beiden noch herum, so wie sie täglich tun, diesmal um die Frage, ob Sport eigentlich gesund sei oder nur etwas für Leute, die zu feige sind, sich sofort umzubringen.

Peter Maffay singt zum hundertsten Mal vom „Soooommmer in der Stadt", und Güven macht die nächste Runde an bestelltem Bier klar, als der Sender das Programm unterbricht und um besondere Aufmerksamkeit bittet:

„In Bretten haben sich heute mehrere Kapitalverbrechen ereignet, der Tatverdacht richtet sich auf zwei junge Männer, die zurzeit mit einem gestohlenen roten VW Polo älteren Baujahrs mit der Nummer KA-HK 245 unterwegs sind. Die Tatverdächtigen führen eine auffallend große blau-weiße Sporttasche mit sich. Vermutlich halten sie sich noch im Großraum Bretten auf. Da die mutmaßlichen Gewaltverbrecher als sehr gefährlich eingeschätzt werden, bitten wir Sie, liebe Hörer, um äußerste Vorsicht, sollten Sie die Fahndung unterstützen wollen. Bitte unternehmen Sie nichts selbst, sondern verständigen Sie die nächste Polizeidienststelle ... "

Und weiter geht's im Programm mit dem nächsten Sommerhit aus dem Jahre 1984: Big in Japan.

Sven, der Koch, schüttelt den Kopf und murmelt vor sich hin. „Gleich mehrere Verbrechen. In Bretten! Das gibt's doch gar nicht: Das schwerste Vergehen da drüben in den letzten fünfzig Jahren war vermutlich unbeabsichtigtes Schwarzfahren im Linienbus!"

Güven kommt mit seinem Tablett voller Biergläser an der Küche vorbei und ruft, bevor er in den Biergarten abbiegt: „Hasch des gehört? Verbrechen in Bretten? Also deshalb hält die Polizei draußen den Verkehr auf ..."

Während Güven serviert und weitere Bestellwünsche seiner Gäste aufnimmt, sieht er, wie Simon Schwegler, der Wirt, mit seinem Van auf den Hof fährt und vor der Garage stehen bleibt. „Wieso ist die eigentlich zu?", wundert sich der Besitzer, denn er lässt sie grundsätzlich offen stehen, wenn er wegfährt.

Aber dann hilft er zuerst den drei Kindern beim Aussteigen. Mit ihren Badesachen rennen sie direkt ins Haus zur Mama. Kurz blickt er zu Güven hinüber, der den Service professionell erledigt und schon wieder neue Bestellungen aufnimmt. Über ein Dutzend Gäste sitzen inzwischen im Garten. Vor allen steht Bier – verständlich. Jetzt ein „kühles Blondes", das wäre genau das Richtige.

Simon Schwegler wischt sich den Schweiß von der Stirn und öffnet die Garagentür. Erstaunt, dann erschrocken stellt er fest, dass sie bereits besetzt ist: Ein roter Polo steht drin. Sofort ahnt Schwegler, worum es sich dabei handelt. Es ist genau der rote Polo, der seit heute Nachmittag im Radio gesucht wird ... den diese skrupellosen Schwerverbrecher geklaut haben!

Geistesgegenwärtig verschließt Simon die Garage und geht ohne Eile durch den Biergarten in Richtung Küche und Gaststube. Selbstverständlich fallen ihm die beiden jungen Männer auf, neben denen die große Sporttasche auf dem Boden liegt und die – da ist er sich ganz sicher – derzeit zu den meistgesuchten Menschen in Süddeutschland gehören dürften.

Güven stürmt in die Küche. „Wie gut, dass Sie da sind, Chef, ich denke, da draußen sitzen die zwei Gesuchten aus dem Radio! Was sollen wir machen, die sind doch so gefährlich! Ich hab so'n Schiss, ich geh da nicht mehr raus! Auf gar keinen Fall!"

Mit gedämpfter Stimme berichtet Simon Schwegler von dem roten Polo in der Garage. Das müssen die Gesuchten sein.

Sven, der Koch, Simon Schwegler, der Wirt, und Güven, der Kellner, halten Kriegsrat. Sie beschließen, dass als Erstes die Kinder in Sicherheit gebracht werden müssen. Aufgeregt ruft Schwegler seine Frau in der Wohnung an: Auf gar keinen Fall, unter keinen Umständen dürfen die Kinder die Wohnung verlassen.

Kurz darauf informiert er die Polizei. Mit zittrigen Fingern wählt er die 110 und gibt seine Beobachtungen zu Protokoll.

„Nichts unternehmen, was Verdacht erregen könnte", ist die klare Anweisung aus dem Telefon. Endlich entscheidet Schwegler, selbst zu servieren, um seine Mitarbeiter vor eventuellen Zwischenfällen zu schützen. Güven sitzt zitternd in der Küche. Er will am liebsten sofort nach Hause.

Als Schwegler das Tablett mit den drei Portionen Wurstsalat aufnimmt, bemerkt er, was für weiche Knie er hat. Vor seinen Mitarbeitern lässt er sich nichts anmerken; langsam trägt er das Tablett nach draußen in den Biergarten. Mit einem Blick übersieht er die Lage. Die drei gefährlichen Typen sitzen an einem Tisch am Ende der Reihe, direkt unter dem Kirschbaum. Wieso eigentlich drei? War nicht von zweien die Rede?

Die anderen Tische sind inzwischen ebenfalls besetzt, aber jeweils nur mit einem oder zwei Pärchen. In völliger Unkenntnis der Gefahrenlage erfreuen sie sich des frühen Sommerabends. – Als Simon Schwegler an den besagten Tisch herantritt und sein Tablett abstellen will, rast ein Passat auf den Hof und kommt mit qualmenden Reifen zum Stehen. Alle Augen richten sich auf die Szene. Bevor irgendjemand reagieren kann, springen Robert Kühnle und seine Assistentin mit gezückten Waffen aus dem Auto. Sie rennen auf die Biertische zu.

„Sitzen bleiben! Stehen bleiben! Keiner bewegt sich!"

Luigi Centra versucht langsam und unauffällig aufzustehen. Dennis hält ihn am Ärmel zurück und brüllt: „Der war's, der war's! Der hat alles angezettelt!"

Luigi reißt sich los, greift in seine Jackentasche nach dem Revolver; notfalls wird er sich den Weg freischießen, da kennt er keinerlei Skrupel – sollen die jungen Kerle doch verrecken. Eben ist er dabei, die Pistole zu entsichern, als er bemerkt, dass er einen Faktor nicht einkalkuliert hat: Die Geistesgegenwart eines badischen Wirtes. Bevor Centra die Pistole schussbereit hat, bekommt er einen kompletten badischen Wurstsalat samt Ei und Salatblatt ins Gesicht. Luigis Schrei wird gedämpft durch die Wurststreifen. Der Italiener ist so perplex, dass er auf seinen Stuhl zurücksinkt und jeden Widerstand aufgibt.

Als Robert Kühnle und die nachrückenden Polizeibeamten sich drohend um den Tisch herum aufbauen, fangen die drei an – Dennis, Kevin und Luigi –, sich gegenseitig zu beschuldigen. Die Tonart wird immer gereizter, immer lauter wird gebrüllt. Die anderen Gäste gehen in Deckung. Mehr und mehr Polizeibeamte umzingeln den Tisch, bis Robert Kühnle ein Machtwort spricht. „Alle drei festnehmen!"

Handschellen werden angelegt. Akribisch erfolgt die Durchsuchung nach Waffen; es wird allerdings lediglich Luigi Centras Pistole sichergestellt. Katrin macht sich auf um zu überprüfen, zu welchen Fahrzeugen auf dem Hof der Gaststätte die sichergestellten Autoschlüssel passen, während zwei Streifenbeamte die Sporttasche öffnen.

Die Untersuchung der Tasche fördert erhebliche Mengen an Bargeld zutage – Geldscheinbündel, die zur genaueren Untersuchung ins Labor wandern. Als Nächstes wird der rote Polo genauestens unter die Lupe genommen.

Katrin ist inzwischen bei dem Alfa angelangt. Sie ruft Robert Kühnle zu Hilfe.

Mit Latexhandschuhen schützen sie ihre Hände, um eventuell vorhandene Fingerabdrücke nicht zu beschädigen oder gar eigene hinzuzufügen. Vorsichtig wird der Wagen geöffnet. Die Durchsuchung von Innenraum und Kofferraum bringt lediglich normales Urlaubsgepäck ans Tageslicht, sonst aber keine weiteren Anhaltspunkte.

Katrin setzt sich auf den Beifahrersitz, um hinter den Sonnenblenden weiter zu suchen.

„Hey Chef, da muss was unter dem Boden sein, ich sitz hier so eng, meine Füße stoßen direkt am Armaturenbrett an."

Auf gut Badisch lässt die Assistentin ihre Füße nicht am Sprunggelenk enden, sondern bezieht die Unter- und Oberschenkel in den Begriff mit ein. Sie vermutet, dass es unter den Fußmatten ein Versteck gibt. Und wirklich: Dort finden sich mehrere Umschläge, die fein säuberlich mit Geld ausgestopft sind. Es ist wahrscheinlich, dass die Beute aus einem der Überfälle stammt.

24

Eigentlich hat Robert Kühnle genug für heute, doch die Vernehmung wird noch den ganzen Abend andauern. Einstweilen kümmern sich die Experten von der Spurensicherung und weitere Spezialdienste um die Tatverdächtigen. Auf diese Weise ergibt sich tatsächlich ein halbes Stündchen, das zur Rekreation genutzt werden sollte. Auch Katrin, befindet Robert, hat sich ein Päuschen verdient. Er kutschiert seine Assistentin in einen nahe gelegenen Biergarten und bestellt sich ein Bier, ein richtig schönes, kühles Pils. Als Katrin sich der Bestellung anschließt, blickt er sie ganz verblüfft an: „Nanu, ja wirklich? Ach Gott, sicher, eines kann ja nicht schaden – besonders, wenn's ein kleiner Kriminalbeamter wird."

Die Auszeit im Biergarten, ein Mittelding aus Privileg und Selbstbelohnung, wird überglänzt von den letzen Sonnenstrahlen dieses ereignisreichen Tages.

Währenddessen bringen zahlreiche Verhöre Licht ins Dunkel der Geschehnisse. Telefonisch hält sich Kühnle auf dem Laufenden; die Rolle von Luigi Centra muss auf alle Fälle noch geklärt werden. Da steckt vermutlich mehr dahinter – schließlich befand sich in seinem Auto fast die gesamte Beute.

Bevor aber Kühnle aufs Revier zurückkehrt, zündet er sich eine seiner geliebten Zigarren an: Geduldig abschneiden, mit dem Streichholz langsam anzünden, bis sich der Zigarrenkörper ganz mit Rauch gefüllt hat und das vordere Ende so richtig schön rot glüht. Und dann, dann kommt der erste Zug, der Hochgenuss ...

Ein weiterer Anruf, diesmal bei seiner Frau, ergibt, dass sowohl Maike als auch dieser junge Mann inzwischen wieder einigermaßen wohlauf sind. Hat sie nicht gesagt „mein Freund?“ Wie hieß der noch gleich ... Marvin? Oder so ähnlich. Jedenfalls, die zwei sind zuhause. Genau genommen keine so üble Anfangsleistung von diesem Marvin: Schlägt der sich doch glatt für seine Tochter mit solchen schweren Jungs. Wirklich beachtlich, da muss er den Knaben doch mal extra loben.

Für heute bringt Irma jedes nur erwünschbare Verständnis dafür auf, dass der Gatte noch nicht abschätzen kann, wann er nach Hause kommt. In wenigen Minuten werden ihn die Reporter wieder einmal umringen und alles Mögliche wissen wollen, wovon er noch gar keine Ahnung hat. Ach, das wird sicher wieder mal so richtig blöd!

Doch im Laufe des späten Abends, dessen ist sich Robert Kühnle gewiss, wird er die ganze Geschichte aufgeklärt haben. Und dann, dann wird er endlich wieder einmal ausschlafen.

Daraus wird auch diesmal nichts. Denn weder Robert Kühnle noch seine Assistentin Katrin ahnen zu diesem Zeitpunkt, welcher neue, nicht minder nervenaufreibende Fall sie schon in wenigen Tagen in Anspruch nehmen wird ...

Ordentlich Dramatik und Stimmung.

KA-NEWS

Faules Spiel beim KSC? Im Spiel gegen Hertha BSC bleibt der Nachwuchsspieler Jan Greiner nach einem harmlosen Foul auf dem Rasen liegen. Tot. Seine Freundin Silvia und sein Kumpel Pike, KSC-Fan seit Geburt, glauben nicht an ein natürliches Ableben. Mit der Hilfe von zwei anfangs wenig überzeugten Karlsruher Kommissaren nehmen sie die Ermittlungen auf und stoßen bald auf einen Sumpf voller dunkler Machenschaften.

2. Auflage · 214 Seiten · Paperback
ISBN 978-3-88190-456-8
12,80 Euro

Viel Lokalkolorit. Unterhaltende Urlaubslektüre.

BNN

Skrupellose Geschäftemacher wollen vom geplanten Stadion-Neubau profitieren. Dabei sind ihnen alle Mittel recht – auch die brutalsten. Das Ermittler-Duo Daniela Kämmerer und Uwe Steiner bekommt es mit allerhand Schlimmen zu tun. Brennend aktuell, dabei spannend und literarisch ambitioniert, schaffen Nicklas und Hucke ein Karlsruher Panorama, das neben Lokalkolorit und Humor eine raffinierte Krimi-Handlung bietet.

222 Seiten · Paperback
ISBN 978-3-88190-599-2
12,80 Euro

Handfester Mord in idyllischer Umgebung.

BNN

Der Shooting-Star der Weinbranche, Henriette Jäger, bringt frischen Wind in den Kraichgau. Klar, dass das nicht allen gefällt. Als sie bei der Weinbergsarbeit stirbt, denkt niemand an Mord. Zumal: Beweise gibt es keine. Motive viele. Nur Henriettes Vater nimmt die Ermittlungen auf und lernt im Kraichgau nur gastfreundliche Menschen kennen, die nichts zu verbergen haben. Doch dann weckt der alte Matthaiser einen bösen Verdacht in ihm …

2. Auflage · 192 Seiten · Paperback
ISBN 978-3-88190-587-9
13,80 Euro

Liebeserklärung an Menschen und Landschaft.

BNN

Der Kelterhof zwischen Kraichgau und Stromberg gelegen, ist ein Weingut, wie es idyllischer wohl kaum sein kann. Weshalb liegen eines schönen Morgens während der Weinlese gleich zwei Tote im Weinberg der Schäufeles? Johannes Hucke erzählt von einer schicksalhaften Freundschaft, einer romantischen Frühlingsfahrt, die durch das Neckartal schließlich ins beschauliche Großvillars führt, von allerlei Genüssen, die der Heimat heilig sind …

180 Seiten · Paperback
ISBN 978-3-88190-651-7
13,80 Euro

Showdown in Bretten.

BNN

Bretten vor seinem Fest: Pierre Reiling, Spross einer Winzerfamilie, Nachwuchsspieler der TSG Hoffenheim, steht die Welt offen. Eine heikle Liebesgeschichte bindet ihn jedoch an Anina, „Braut“ des Anführers einer Bande von Stuttgarter Kriminellen. Als Anina bei ihm Schutz sucht, beginnt eine wilde Hetzjagd durch den Kraichgau. Fatalerweise wird das legendäre Peter-und-Paul-Fest zum Mittelpunkt des Showdowns ...

192 Seiten · Paperback
ISBN 978-3-88190-587-9
13,80 Euro

Hucke versteht sich auf Pointen.

BNN

Unglaubliche Entdeckung unter einem Supermarkt nahe Maulbronn – Schwerwiegende Konflikte bei der Einstudierung eines Hermann-Hesse-Musicals. Direkt vor der Klosterschmiede graben rätselhafte Subjekte nach dem Weinkeller der Könige von Württemberg. Eine Mischung aus heimatlichem Schelmenroman, Gaunerkomödie und Ermittler-Krimi mit den buntesten Handlungsfäden die sich mitten im Maulbronner Klosterhof verknoten.

192 Seiten · Paperback
ISBN 978-3-88190-676-0
13,80 Euro

Humorvoll und spannend!

WEIN & MEHR

Die Weinprobe mit dem Landrat ist ein voller Erfolg. Wäre da nicht die Ortschaftsrätin, die tot im Weinkeller liegt. Das Gerede im Ort lässt nicht lange auf sich warten; das ist einigermaßen unangenehm für Andrea Leuchte. Hatte ihr Mann nicht gerade noch eine Auseinandersetzung mit der Toten? Wenig später wird er selber niedergeschlagen aufgefunden. Da mischt sich Andrea, zur Freude des Kripobeamten, in die Ermittlungen ein.

2. Auflage · 144 Seiten · Paperback
ISBN 978-3-88190-602-9
12,80 Euro

Lebendige, spritzige Erzählweise zieht in den Bann.

KRAICHTALBOTE

Bei der Feier zu seinem Neunzigsten wird der alte Josef Richter vergiftet. Schnell verdächtigt man die Pfarrköchin mit ihrem selbstgemachten Likör. Allerdings fehlt jedes Motiv. Andrea Leuchte hört sich um, sehr zur Freude von Kommissar Blankenfels ... Brigitte Springer lässt die Heldin ihres ersten Kraichgau-Krimis auch im zweiten Fall das ach so geruhsame Oberderdingen wieder ganz gehörig aufmischen – jede Menge Lokalkolorit inklusive.

144 Seiten · Paperback
ISBN 978-3-88190-649-4
12,80 Euro

Gehaltvolle Kriminliteratur.

INKA-REGIO ZU HUCKE

Auf dem Weingut des Reichsgrafen und Marquis zu Hoensbroech spielen sich dramatische Szenen ab. Die Treue zu einem Jugendfreund aus dem Nahen Osten bringt die gräfliche Familie in Gefahr. Drastische Maßnahmen werden nötig, um sich gegen die Aggressoren zur Wehr zu setzen – doch die Fremden haben gute Gründe für ihren Zorn. In seinem fünften Wein-Krimi verbindet Johannes Hucke die Genres Krimi und Abenteuerroman.

208 Seiten · Paperback
ISBN 978-3-88190-688-3
13,80 Euro

Der Schutz Amazoniens ist eine der wichtigsten Aufgaben der Menscheit.

ARTE

Sieben Badener machen sich auf an den Xingu nach Brasilien. Nach den Annäherungen an Land und Leute können sie einige Zeit mit dem Stamm der Txukaramai leben. Die Tage reichen nicht, um das Universum der Indianer zu begreifen. So kommt, was kommen muss: Nach der Abreise bemerken die Stammesältesten, dass ein unersetzbarer Kultgegenstand geraubt ist. Reicht die Rache der Indianer bis nach Baden?

120 Seiten · Paperback
ISBN 978-3-88190-621-0
12,80 Euro

Lindemanns Bibliothek
Literatur und Kunst im Info Verlag
herausgegeben von Thomas Lindemann
dieser Band gemeinsam mit Johannes Hucke

Titelfoto: Thomas Rebel
Redaktionelle Mitarbeit: Kurt Fay

Bibliografische Information der Deutschen Nationalbibliothek
Die Deutsche Nationalbibliothek verzeichnet diese Publikation in der Deutschen Nationalbibliografie; detaillierte bibliografische Daten sind im Internet über http://dnb.dnb.de abrufbar.

Käppelestraße 10 · 76131 Karlsruhe
www.infoverlag.de

Lindemanns Bibliothek · Band 167
ISBN 978-3-88190-689-0